Brest & ses Environs

Par Louis COUDURIER

Rédacteur en chef de *La* « Dépêche de Brest »

BREST-TOURISTE

VOLUME-GUIDE ILLUSTRÉ

Avec plusieurs Cartes et un Plan de Brest

PRIX : 1$^{fr.}$ 50

BREST

Imprimerie commerciale et administrative de la *Dépêche*
25, rue de la Rampe, 25

Grande Brasserie de Kérinou (Salle des Machines)

BREST-TOURISTE

Aux Dames  de France

95, 97 & 99, RUE DE SIAM

BREST

NOUVEAUTÉS

ARTICLES DE PARIS

Entrée libre

FRANCO DE PORT, depuis **25** francs d'achat

Brest & ses Environs

Par Louis COUDURIER
RÉDACTEUR EN CHEF DE LA « DÉPÊCHE DE BREST »

BREST-TOURISTE

VOLUME-GUIDE ILLUSTRÉ

Indispensable aux Visiteurs de la Ville de Brest

RENSEIGNEMENTS COMMERCIAUX & PRATIQUES

pour le séjour et l'excursion

BREST

Imprimerie commerciale de la « Dépêche », 25, rue de la Rampe

AU TOURISTE

L'arrivée à Brest peut s'effectuer par terre et par mer; mais, que ce soit le train ou que ce soit le bateau qui amène le voyageur, l'attention de celui-ci est immédiatement captivée tout entière par l'intérêt du spectacle placé sous ses yeux.

Après la station de Landerneau, située à 19 kilomètres de Brest, et la dernière où s'arrêtent les express venant de Paris, la voie du chemin de fer ne tarde pas à côtoyer le bord même de l'Elorn, dont le lit apparaît très étendu et s'élargit ensuite progressivement entre des rives de plus en plus écartées, pour prendre bientôt l'aspect d'un lac immense bordé de hautes falaises.

C'est la rade ; c'est la mer.

Par une matinée d'été, sous le soleil chaud de juillet, cette première vue de Brest, à travers la glace du wagon, impressionne agréablement, d'autant que quelques minutes avant l'arrêt définitif, le regard a pu embrasser l'ensemble de ce port unique en Europe, le seul qui soit naturellement préparé à recevoir les plus grandes flottes de guerre ou de commerce, celui dont la destinée est, à coup sûr, de devenir le plus important, le plus fréquenté de tous les havres par où l'on aborde le vieux continent.

L'arrivée par mer n'est pas moins suggestive ; elle est malheureusement l'exception, les touristes, même les moins pressés, n'ayant que rarement l'idée d'aller s'embarquer à Douarnenez, au Fret, à Camaret ou à Châteaulin pour effectuer leur entrée à Brest. Et pourtant, pour bien saisir, dès l'abord, l'importance, la grandeur du premier port de guerre de France, pour comprendre ses avantages naturels, les apprécier et les mesurer, le meilleur observatoire est encore la passerelle du vapeur d'où l'on peut, avec la jumelle, fouiller les criques innombrables taillées à même le granit des murailles rocheuses percées, çà et là, de redoutables meurtrières.

La mer, qui baigne le pied de la formidable citadelle bretonne, atténue sensiblement la sévérité de ses dehors guerriers : venu par le chemin de fer ou arrivé par le bateau, ce que le voyageur aperçoit, avant tout, ce qui emplit ses yeux, c'est l'eau bleue avec de grands cuirassés qui semblent perdus sur l'immense plaine liquide, des torpilleurs qui évoluent autour ; les voiles blanches et rouges de petites barques, yachts de plaisance ou bateaux de pêche, ou encore le panache fumeux de quelque steamer marchand franchissant au loin le Goulet. Et cela, c'est la vie brestoise dans sa manifestation la plus intéressante et la plus « locale ».

Emile Souvestre décrivait, autrefois, ce spectacle grandiose de sa plume alerte : « Ces belles côtes, disait-il, qui étendent au devant leurs lignes rougeâtres toutes drapées de genêts en fleurs et de quartz plus blanc que l'albâtre, sont les côtes de Plougastel ; plus loin apparaissent la rivière de Châteaulin, les grèves de Crozon, les trois cimes du Menez-Hom. Le tableau qui s'offre aux regards est des plus variés : à gauche, vers Landerneau, tout est calme, bleu, riant. Les flots apaisés se déroulent dans des golfes sinueux et vont se perdre dans la coulée ombreuse de l'Elorn, tandis que les

---

barques de Kerhorre, mollement bercées au roulis, dorment aux pieds des promontoires ou glissent sur les ondes scintillantes. A droite, au contraire, tout est austère, immense, menaçant ; c'est la mer avec sa couleur glauque, ses grandes vagues monstrueuses et son retentissement solennel. A l'horizon s'ouvre le Goulet, semblable de loin à une porte gigantesque dont le seuil est formé par l'océan et le linteau par le ciel. Çà et là des navires de guerre dansent à la lame, tout festonnés de leurs voiles ; du reste, l'aspect que présente la rade change à l'infini, selon l'heure du jour, la pureté plus ou moins grande de l'atmosphère, le calme ou l'agitation des flots. »

Sauf les voiles des navires de guerre, remplacées aujourd'hui par de hautes cheminées, le tableau n'a point changé depuis qu'il fut ainsi brossé de main de maître.

Mais, nouveau venu, ne vous y trompez pas : cette ville où vous arrivez vous ménage plus d'une surprise et le temps que vous y passerez, si vous savez le bien employer, vous sera profitable.

C'est ici le bout de la terre, la fin du continent. C'est ici le point où aboutissent les câbles qui relient le cœur de New-York au cœur de Paris. Les mœurs, les coutumes, la façon de vivre, certains détails du costume échappent à la banalité du déjà vu. Si vous ne retrouvez pas à Brest tout ce que vous avez l'habitude de voir dans les autres cités françaises, vous y découvrirez certainement des choses que vous n'avez pas vues ailleurs — et cela fait compensation.

Et quand nous aurons visité tout ce qu'il faut voir à l'intérieur de ces grises murailles dont Vauban et les continuateurs de son œuvre entourèrent prudemment le vieil arsenal armoricain, de ces remparts qui font à la ville une ceinture de sûreté en même temps qu'une couronne de verdure et de grands arbres, — eh bien ! nous irons au dehors, dans les environs, et nous aurons encore à effectuer beaucoup et de fort pittoresques excursions facilitées par les tramways, les bateaux, le chemin de fer ou la simple voiture de louage, qui n'a point perdu de son charme intime malgré le progrès.

BREST A TRAVERS LES AGES

Notice historique

LA PÉRIODE LÉGENDAIRE

Quelle est l'origine du mot *Brest* ?

Personne ne le sait. Ce n'est pas faute d'avoir cherché — mais, outre que l'on ne trouve pas toujours ce que l'on cherche, il n'existe ici aucun point de repère certain. L'origine du nom porté par la cité brestoise se perd dans la nuit des temps, nuit épaisse, impénétrable, et ce simple détail prouve que de nombreux siècles se sont écoulés depuis le jour où pour la première fois fut prononcé ou écrit le mot *Brest*.

Ne pouvant établir historiquement cette origine, les anciens auteurs ont imaginé une explication assez ingénieuse.

Suivant l'un d'eux, les matelots bretons revoyant la terre pour la première fois, au retour de leurs excursions lointaines, criaient joyeusement :

— *Breis ! Breis !*

Et le nom en serait resté à Brest, port où ces navigateurs débarquaient.

On sait que le mot breton *Breis* signifie Bretagne.

Un autre auteur prétend que Brest est l'antique Gœsocribates ; un troisième affirme que la ville emprunta son nom à un certain Bristock, roi des Bretons.

D'après Albert Le Grand, le roy Bristokus, ainsi nommé parce qu'il portait au lieu du diadème, apanage de la royauté, une toque ou un bonnet de diverses couleurs (Bris-Tok), était un terrible monarque du IVe siècle ; il avait notamment publié un édit aux termes duquel, pour calmer l'appétit d'un dragon qui répandait alors l'effroi aux environs de La Roche-Maurice, près Landerneau, « tous les samedys on jettast le sort et celuy sur qui il tomberoit seroit obligé d'envoyer un homme pour estre dévoré de cette cruelle beste ou y aller lui-même. » Un beau jour, deux preux chevaliers, Néventerius et Derrien, seigneurs bretons insulaires, venus sans doute en touristes dans ces parages, débarrassèrent le pays de ce redoutable monstre. Sur quoi le maître du chasteau de La Roche-Maurice, Elorn, le même qui donna son nom à la rivière, conduisit ces héroïques personnages à Brest, ou il les présenta au roy Bristok. Et voilà comment Bristok a pu être considéré comme ayant été le parrain authentique de la ville de Brest...

Tout ceci est assez vague et nuageux.

Dans le *Dictionnaire des Racines celtiques*, de M. Pierre Malvezin, l'érudit philologiste, nous trouvons la définition suivante :

BREG, éminence, pointe. Transposée de Berg. D'où : *briga* pour *brega*, montagne, forteresse, dans le breton « bré » pour « breg », le gaélique « braighe », l'irlandais « brughin », etc.

Le plus vieux document authentique dans lequel il soit question, pour la première fois, de Brest est une Chronique de Nantes, portant la date de 856, et où il est parlé de la mort de Salomon, roi des Bretons, décédé, dit ce vénérable parchemin, « apud oppidum quod dicitur Bresta ».

C'est donc en latin que nous voyons, tout d'abord, apparaitre le nom de Brest. Et nous sommes au ix siècle. « En résumé, écrit M. Levot, qui, sans prétendre à l'infaillibilité, fait autorité en la matière, nous pensons que ni *Brivates portus*, ni *Gesocribates*, n'ont jamais occupé l'emplacement de Brest ; qu'il en est de même d'Occismor, ou plutôt de la cité des Osismiens ; que Brest, très vraisemblablement inhabité pendant la période celtique, put bien porter ce nom, soit alors, soit avant le ix siècle ; que, sous les Romains c'était un simple *camp statif ;* que ce ne fut que beaucoup plus tard, c'est-à-dire après le xiii siècle au plus tôt, qu'il commença à devenir une ville dont les progrès furent lents et insensibles jusqu'au xv et même au xvi siècle. »

M. Levot a raison, écrit notre érudit concitoyen M. Jourdan de la Passardière : d'une part les coordonnées géographiques que Ptolémée assigne à Brivates portus ne conviennent pas à Brest, mais à une station voisine de l'embouchure de la Loire ; d'autre part, il n'est pas contesté aujourd'hui que le mot gaulois « Briva » désigne le passage d'une rivière. Or, le passage de la Penfeld ne se faisait pas à Brest, mais à l'ile Factice

Quant au Gesocribate de la carte de Pentinger, la distance de 45 lieues gauloises (25 lieues kilométriques), portée par ce document depuis Vorgium (Carhaix), en fait une ville submergée placée dans l'archipel d'Ouessant aux abords de l'ile Bannec, au point de recoupement avec la ligne droite qui joint les villes de Civitas Aquilonia (Locmaria de Quimper), Is et Portzliogan. Les récentes communications faites par M. du Châtellier à la Société archéologique de Quimper montrent combien grande était la densité de la population de cette pointe de terre, autrefois émergée, population dont l'existence n'est plus maintenant attestée que par les innombrables monuments mégalithiques qui couronnent les crêtes que le cataclysme n'a pas atteintes.

Enfin, en ce qui concerne Occismor, — nom discutable comme nom de ville, ainsi que le fait remarquer Levot, — cette appellation ne repose que sur un texte de la légende de saint Gouesnou, écrite vers l'an 1019 par Guillaume, chapelain d'Eudon, évêque de Léon ; Brest n'a d'ailleurs rien de commun avec le Vorganium cité des Osismiens de Ptolémée, dont la position est déterminée par l'inscription de la borne milliaire de Kerscao et par le recoupement des voies militaires qui la reliaient aux principales villes de l'Armorique. Vorganium était situé à l'embouchure de l'Aber-Vrac'h.

La seule étymologie raisonnable qui ait été proposée (1) est celle que M. de Courcy a indiquée dans son Itinéraire de Saint-Pol à Brest (Bretagne et Vendée, 1859, page 406). *Brest* est la contraction de *Beg rest*, la pointe du bois.

Cette étymologie est justifiée par la situation topographique de cet ancien camp romain, à la pointe extrême de la forêt de Landerneau, qui, jadis, s'étendait jusqu'à la Penfel ; elle l'est aussi par la dénomination de *Coign beg*, le coin de la pointe, donnée à l'extrémité du quai de la Rive (quai maritime actuel).

Le nom de Brest est d'ailleurs un nom de famille ancien et assez répandu ; ainsi, l'on voit figurer un Jan Brest dans la montre d'Olivier de Clisson, que Fréminville rapporte à la date du 8 décembre 1371, dans sa Vie de du Guesclin. On trouve des Brest à Saint-Vougay 1635, à Landerneau 1671-1679, à Kernouès 1682, à Brest même 1752-1768, dans la Cornouaille, aux abords de Carhaix 1675, au Faou 1719-1733, à Hanvec 1761. Il existe aussi des terres de Kerbrest en Guémené et en Guidel.

La forme intermédiaire entre Beg rest et Brest, *Berrest*, n'est pas moins commune ; elle paraît plutôt cantonnée dans la Bretagne non bretonnante : on trouve des Berrest à Saint-Malo, Saint-Servan, Saint-Briac, Pleurtuit, La Guerche.

Disons, en terminant, que Brest peut également provenir de Brerest, la montagne du bois, qui donne par transposition Berrest, comme Brelevenez, Berlevenez ; Brelivet, Berlivet ; Bredouaré, Berdouaré.

Comme toujours, quelque bonne et enfantine légende marque d'un trait amusant les origines de cette ville de guerre. La voici dans toute sa saveur : Certain jour — on ne dit point à quelle époque — une brave paysanne, venant de Daoulas avec ses sept enfants, arriva dans la bourgade qui portait alors le nom de Brest. Les gens de Daoulas étaient, paraît-il, inhospitaliers et sauvages. Ils avaient chassé la malheureuse mère sans se préoccuper du sort réservé à sa nombreuse progéniture. Mais le Père Eternel, qui a l'œil à tout, veillait sur cette intéressante famille. Non seulement les sept enfants de la paysanne furent élevés dans de bonnes conditions, mais ils furent honorés plus

---

(1) Note de M. Jourdan de la Passardière.

tard du titre collectif de « Sept Saints ». Quant à la mère, elle témoigna sa reconnaissance à sa ville d'adoption en prédisant que « désormais Daoulas, la ville maudite, la ville au nom tragique (le mot breton Daoulas signifie en français Deux Meurtres), irait toujours en diminuant, tandis que Brest irait en augmentant ».

. La prophétie s'est réalisée pleinement car, depuis, Brest n'a cessé « d'aller en augmentant ».

Cette augmentation continue et continuera encore. Au reste, les Brestois ne se montrèrent pas ingrats ; ils donnèrent le nom de « Sept Saints » à un quartier de la ville qui eut son heure de célébrité et qui s'étendait dans la partie comprise aujourd'hui entre la place Sadi Carnot et la place du Château. Malgré son origine honorable, le quartier des Sept Saints était plutôt mal famé et on appelait une ruelle voisine la rue des « coups de trique ». Tout cela a disparu maintenant. La rue Amiral Linois et le square du Château remplacent avantageusemens l'ancien quartier des Sept Saints, dont nous avons tenu à rappeler les origines légendaires parce qu'elles semblent intimement mêlées aux débuts de l'histoire de Brest.

« Il n'est pas douteux pour quiconque s'est occupé d'étudier le culte des saints en Bretagne, écrit M. Jourdan de la Passardière, que les premiers patrons de nos églises n'aient été — après la Trinité, le Christ et la Vierge — uniquement nos saints locaux, les pieux personnages qui s'étaient employés à l'évangélisation de notre petite Bretagne et que la reconnaissance populaire avait canonisés : *Vox populi, vox Dei.*

« Il est donc de règle de considérer toutes les autres dévotions comme d'importation extérieure et relativement récente.

« Il en est ainsi du vocable adopté pour la chapelle desservie d'abord par les religieux de Saint-Mathieu et qui devint plus tard la paroisse de la population agglomérée aux pieds du château de Brest : il convient de le rapporter délibérément aux Sept Saints de Bretagne : Patern, de Vannes ; Corentin, de Quimper ; Paul Aurélien, de Léon ; Tugdual, de Tréguier ; Brieuc, de Saint-Brieuc ; Malo, d'Aleth, et Samson, de Dol.

« Comment a-t-on pu substituer le culte si patriotique de nos sept évêques bretons à celui, quelque peu délaissé de nos jours, des sept fils de sainte Félicité ? C'est là une transformation qui n'est malheureusement pas la seule à enregistrer, et qui est aussi regrettable au point de vue historique qu'au point de vue cultuel.

« C'est ainsi qu'on a remplacé :

« Saint Alor par saint Alar ou Eloi ; Bevoez par Pavaz ; Convelen par Melaine ; Dispar par Exupère ; Drien par Adrien ; Egat par Agapit ; Ergat par Agathe ; Evarzin par Avertin ; Guenganton par Agathon ; Iber par saint Pierre, apôtre ; Ider par Didier ; Igneau par

Ignace ; Ispartz par Combert ; Laouénan par Léonor ; Lupien par Lucien ; Mic par Nicaise ; Noen par Ouen ; Quay par Coie ; Querrien par Chéron ; Rumon par Raymond ; Thelo par Eloi ; saint Thois devient saint Exupère ; saint Pierre, le compagnon de Pol Aurélien, est confondu avec saint Pierre l'apôtre à Lamber et Kerber (Quilbignon) ; saint Pierre et saint Paul remplacent saint Kénan à Plouguerneau, et saint Wion à Plouvien (jadis Plouyon) ; saint Pierre remplace saint Gouescat à Plouescat, saint Mahorn à Plouvorn, sainte Guen à Plouguin, sainte Levenez à Treflevenez ; saint Enéour est oublié à Plounéour-Trez pour saint Pierre, à Plounéour-Menez pour saint Yves ; à Plounéour-Lanvern on essaye momentanément de lui substituer saint Vincent de Paul, etc...

« On peut sans hésiter rapporter ces modifications cultuelles à quatre époques de notre histoire :

« 1° L'époque de la suppression de l'archevêché breton de Dol et du rattachement des évêchés bretons à la métropole française de Tours, vers 1200 ; 2° l'époque de la réunion de la Bretagne à la France, vers 1500 ; 3° l'ère des querelles jansénistes au xvii° siècle ; 4° enfin, au xix° siècle, la disparition des derniers vestiges du jansénisme et le rattachement à la liturgie romaine.

« En ce qui concerne Brest, c'est sans doute aux événements de la deuxième période qu'il faut attribuer l'oubli de nos vieux saints nationaux dans une ville désormais pourvue de gouverneurs nommés par le roi de France. Nous avons pour garant d'un délaissement semblable la présence à Locmaria an Hent (en Saint-Divy-Cornouaille), — localité où l'on honorait jadis notoirement les Sept Saints de Bretagne — d'un tableau analogue à celui que Bounieu composa pour Brest et qui représente les sept fils de sainte Félicité.

« La même tendance à l'introduction de novalités cultuelles est encore affirmée par le testament de Nicolas de Coatanlem, qui date de la même époque 1519 — et dans lequel on voit disparaître le nom de deux des anciens patrons du pays, qui sont remplacés par deux saints nouvellement canonisés, saint Guillaume Pichon (1247) et saint Yves (1347) ».

L'église des Sept Saints était située à droite en descendant la rue des Sept Saints, un peu au-dessus du niveau du quai actuel de la Marine, sur l'emplacement occupé aujourd'hui par les maisons contiguës à la Banque de France et la place voisine.

Après la période de tâtonnements historiques et de légendes aimables, il est plus facile de retrouver le fil nécessaire pour reconstituer l'histoire de la ville de Brest.

Nous nous efforcerons de la résumer le plus possible, comme il convient dans un ouvrage destiné aux touristes et non pas aux rats de bibliothèque.

II

COMMENT BREST DEVINT VILLE
ET PORT DE GUERRE

Depuis l'époque lointaine où le nom de Brest apparut, pour la première fois, dans un document entouré de tous les caractères d'authenticité, jusqu'au jour où Henri IV gratifia Brest du titre de « ville » en octroyant à ses habitants le droit de bourgeoisie « à l'instar de nostre ville de Bourdeaux », dit l'acte royal ; depuis le temps où les comtes de Léon devinrent les maîtres du château et les maîtres de la mer, jusqu'au moment où Richelieu, Colbert et Vauban songèrent à créer ici un port de guerre sans rival — les populations des bords de la Penfeld connurent bien des émotions poignantes.

L'importance de ce point stratégique fut l'objet des convoitises de tous les hommes de guerre. C'est ce qui faisait dire à l'un d'eux : « n'est pas sire de Bretagne qui n'est pas sire de Brest ». Il eut pour sauvegarde séculaire ce vieux château qui soude son architecture altière, majestueuse et lourde au roc considérable. Là naquit Brest ; ce fut à l'intérieur de ces murailles que s'accomplirent les premiers événements de l'histoire brestoise.

Durant des siècles, en ce même lieu où vivent encore nos modernes troupiers, des garnisons s'abritèrent, et, plus d'une fois, les eaux qui baignent les abords de la forteresse durent être rougies du sang des combattants !...

Certaines parties de ce château, pierre angulaire de Brest, sont considérées par les archéologues les plus autorisés comme remontant au IIIe et au IVe siècle.

M. Fleury, dans sa *Monographie du Château de Brest*, établit de la façon suivante la chronologie des origines brestoises :

IVe siècle. — Bristock, Brestoch ou Breistock. (Légendaire). D'après la légende de saint Rioc, d'Albert Le Grand, Breistok régnait à Gesocribate ou Brest, en 350, milieu du IVe siècle.

IVe siècle. — (Légendaire, mais extrait d'une légende historique). Imbault ou Iubault, fils de Iugonus, roi de Tolente, commandait à Brest, pour les Romains, vers la fin du IVe siècle. Il était en train de faire reconstruire la forteresse lorsque Conan Mériadec s'en empara.

IVe siècle. — (Légendaire, mais extrait d'une légende historique). *Conan Mériadec (on sait que l'existence de ce chef breton est contestée par quelques historiens, mais qu'il est considéré par d'autres comme ayant* chassé *toutes les garnisons romaines du pays de Léon*) dut achever la construction du château en 383, année de l'invasion de Maxime, et 388 ou 421, dates indéterminées de sa mort.

VIe siècle. 537. — (Légendaire). — Le prince de Léon, raconte la légende de saint Budoc, d'Albert Le Grand, tenait sa cour à Brest, en 537 ; c'est pourquoi il était appelé roi de Brest. Ce prince était le père de la belle Azénor, qui a laissé son nom à une des tours du Château.

VIIe siècle. — (Historique). — Le prince Mélaire s'enferme dans le château de Brest pour échapper à la barbarie de son oncle Rivod ou Rivoal ; mais sa retraite ayant été découverte, il se sauve au château de Connor, en Aginense, où il est massacré par les satellites de son oncle.

IXe siècle. 856. — (Historique). — La *Chronique de Nantes* rapporte qu'en 856, Salomon, roi des Bretons, fut assassiné près du château de Brest : *apud oppidum quod dicitur Bresta.*

IXe siècle. 875. — (Historique). — D'après les *Vies des Évêques de Bretagne*, d'Albert Le Grand, en 875, les Romains attaquèrent Brest par mer et par terre, sans pouvoir s'en rendre maîtres (Il est évident que ce sont les Normands plutôt que les Romains qu'il faut lire).

XIe siècle. 1064. — (Historique). — Conan IIe du nom fait restaurer la cité de Brest, en 1064, et ériger une chapelle qu'il dédie à la Sainte-Trinité, à la Vierge et à saint Mathieu (Extrait de l'*Histoire de Bretagne*, de Le Baud).

XIIe siècle. 1197. — (Historique). — Enfin, en 1197, André de Dinan se réfugie au château de Brest avec le jeune et malheureux Arthur, pour le dérober aux fureurs de Richard, roi d'Angleterre. A peine ce prince y était-il, qu'il fut saisi d'épouvante et se sauva, avec son gouverneur Guethénoc, évêque de Vannes, près de Philippe-Auguste, roi de France, ennemi de Richard, où il espérait trouver un refuge plus sûr et un protecteur puissant.

Nous trouvons dans l'énumération de ces faits, appartenant par moitié à la légende et par moitié à l'histoire, la trace de l'existence pendant 900 ans, à partir du IVe siècle, de la forteresse de Brest.

Et nous arrivons ainsi au XIIIe siècle. Brest est encore une bourgade de pêcheurs dont les habitants, groupés autour du château, vont vivre trois cents ans de guerre presque continuelle. « Désormais, dit Levot, possédé par les ducs, Brest sera alternativement ou le boulevard de la France contre les Anglais, ou la tête de pont qui leur en facilitera l'entrée, selon que la politique fait de la Bretagne leur ennemie ou leur alliée. »

C'est vers le milieu du XIIIe siècle que Brest apparaît réellement dans l'histoire. Depuis cette époque, la chronologie des événements, instituée par les vieux auteurs bretons, nous montre une période fort agitée. Résumons-la rapidement :

En 1276, première descente des Anglais ; en 1340, les flottes française et italienne combinées se réfugient dans la rade après avoir été battues par les Anglais à Lécluse. Un an après, Montf. t, candidat à la succession du trône de Jean III, duc de Bretagne, défait les Anglais, s'empare de Brest et crée la première enceinte fortifiée. L'année 1370 marque la grande bataille livrée près de Saint-Mathieu par Olivier de Clisson, qui tue 900 Anglais sur 1.000 que commandait Robert de Néville.

Deux ans après, en 1372, Brest était de nouveau au pouvoir des Anglais ; Duguesclin vient l'assiéger, traînant à sa suite les Bretons désireux de secouer la domination des envahisseurs.

M. Levot a écrit sur cette campagne de Duguesclin une page mouvementée qui met sous nos yeux, d'une façon saisissante, ces jours d'agitation autour de la cité naissante :

« Au printemps suivant (1373), les barons, les prélats et les *consaux* des bonnes villes de la province, indignés de voir leur pays aux mains de l'étranger, envoyèrent à Jean IV, duc de Bretagne, fils de Montfort, une députation qui lui déclara tout net qu'il n'avait que faire d'être Anglais, s'il voulait rester paisible possesseur du duché ; que s'il préférait l'alliance d'Edouard, il n'avait qu'à le dire, parce qu'alors ils aviseraient de leur côté. Le duc cajola les députés ; mais, comme malgré ses promesses les Anglais n'évacuaient pas le pays, les seigneurs bretons, exaspérés de sa lâche et tortueuse conduite, se saisirent des principales places fortes du duché et invoquèrent le secours du roi de France, lui déclarant que, résolus à demeurer toujours bons et loyaux Français, ils ne souffriraient jamais l'occupation de leur pays par les Anglais, et que le duc ayant forfait sa terre, ils le priaient de faire saisir, par ses généraux, toutes les villes et places du duché. Charles V, s'empressant d'accueillir cette demande, ordonna à du Guesclin de marcher sur la Bretagne avec 4.000 hommes et de ne laisser ni paix ni trêve aux Anglais qu'il ne les en eût chassés. Le connétable eut à peine pénétré en Bretagne que le vicomte de Rohan et les autres seigneurs bretons vinrent se ranger sous sa bannière et l'aider à prendre les villes de Fougères, Saint-Aubin du Cormier et le château de Gaël. Déconcertés des progrès des Français et de la désertion de ses barons, Jean IV ne se crut en sûreté dans aucune place du haut pays, ni même dans Brest. Au lieu de faire tête à l'orage qu'il avait si déloyalement provoqué, il courut à Auray, y passa six jours, pendant lesquels il confia la garde de la duchesse et de la ville à Jean Austyn, chevalier anglais, nomma pour son lieutenant-général Knowles, et gagna en toute hâte le port de Brest, où il s'embarqua pour l'Angleterre, le 28 avril 1873, « parce que, dit la *Chronique de Saint-Brieuc* (D. Morice, « *Pr.* 1, *col.* XLVI), on lui refusait partout l'entrée de ses villes et

« châteaux, à cause de la séquelle d'Anglais ou Saxons qu'il traînait
« après lui. Les Bretons, en effet, ne voulaient point souffrir qu'ils
« eussent le gouvernement du duc, craignant d'être, eux et leur duc,
« chassés et déshérités de leur sol natal par la trahison des dits
« Saxons, si on laissait ceux-ci entrer dans les villes. Car ils se
« rappelaient encore comment les Saxons avaient jadis chassé leurs
« ancêtres de la Grande-Bretagne et massacré traîtreusement quatre
« cent soixante de leurs comtes et barons du tems de Vortigern. »

« Pendant ce temps, l'armée franco-bretonne continuait sa marche victorieuse, se grossissant sur sa route de toute la population. Bientôt il ne resta plus aux Anglais qu'un très petit nombre de places. La mieux fortifiée était Brest, dont le château était réputé imprenable. Arrivé devant ce château, où Knowles s'était renfermé, du Guesclin fit immédiatement ses dispositions pour l'attaquer du côté de la terre ; mais, après plusieurs assauts, où il essuya de grandes pertes, il resta convaincu de l'impossibilité de l'emporter de vive force. Il se décida alors à investir la place, afin de la réduire par la famine, ce qui semblait d'autant plus facile que la garnison, déjà nombreuse par elle-même, s'était accrue de tous les Anglais que du Guesclin avait balayés sur sa route, et qu'il se faisait chaque jour, parmi les assiégés, une consommation de vivres exigeant un ravitaillement sans lequel ils ne pourraient tenir longtemps. Afin de l'empêcher, du Guesclin éleva sur le terrain appelé aujourd'hui rue et place Ornou (1), de petites *bastilles* ou redoutes qui tinrent la place en respect et ne permirent aux Anglais, ni d'effectuer des sorties, ni de recevoir les secours qui leur étaient destinés. Ce mode d'attaque réussit. Trois semaines ne s'étaient pas écoulées que les vivres commençaient à manquer à la garnison. Knowles, convaincu qu'il lui faudrait promptement capituler s'il n'était secouru, demanda et obtint un armistice de six semaines, à l'expiration duquel Brest, en cas qu'il n'eût pas reçu de secours, serait remis à du Guesclin ; dans le cas contraire, les Français devaient lever le siège et se retirer. Jour et lieu furent pris pour combattre à l'expiration de la trève, et des otages furent échangés.

« Dès qu'il eut signé cette convention, du Guesclin, laissant devant la place Clisson et quelques autres de ses capitaines pour garder ses lignes et veiller à l'exécution de la trève, alla aider le duc d'Anjou à faire le siège du château de Derval, appartenant à Knowles.

« Pendant qu'il était occupé à cette expédition, l'envie prit un beau

---

(1) La ville a adopté cette orthographe ; régulièrement il faudrait dire Cornou ou Hornou. Cette place confinait jadis à un terrain nommé Parc-ar-Cornou, parce qu'il présentait des angles aigus. On désigne dans le vocabulaire des campagnes, sous le nom de *Corn*, l'angle d'un champ : Parc-Tricorn désigne un champ triangulaire.

matin à Clisson de faire de son côté une *apertise* qui le désennuyât de son inaction. Accompagné du vicomte de Rohan, du sire de Rochefort, du sire de Beaumanoir, de 5oo lances, et laissant le gros de son armée sous les murs de la ville, il alla attaquer à l'improviste le Conquet, dont le fort était gardé par messire Jean de la Quinghay, chevalier de l'hôtel du duc de Bretagne et du parti des Anglais. Ce capitaine se défendit vaillamment ; mais, après un assaut dans lequel il y eut, de part et d'autre, un assez grand nombre de tués et de blessés, les Bretons restèrent maîtres de la ville et du fort du Conquet, et tuèrent tous les Anglais, à l'exception du capitaine et de six hommes d'armes.

« Quoique le château de Brest fût étroitement bloqué, un messager, expédié de celui de Derval à Knowles, put pourtant y pénétrer. Il lui exposa la situation de cette dernière forteresse qui, elle aussi, serait obligée de se soumettre à une capitulation si elle n'était pas secourue avant deux mois. Knowles, qui désirait ardemment conserver cette importante possession, se hâta de dépêcher au comte de Salisbury, alors à Guérande, un messager qui l'informa de l'état des choses et le détermina à faire voile sur-le-champ pour Brest, où les vaisseaux qu'il commandait débarquèrent deux mille hommes d'armes, sans compter les archers. Ce renfort et les vivres que portaient les vaisseaux anglais, ayant été introduits dans la place, Knowles se dirigea vers Derval et laissa le commandement de Brest au comte de Salisbury. Pendant six jours consécutifs, les renforts amenés par ce dernier descendirent à terre chaque matin et retournèrent le soir sur leurs navires ; mais le septième jour, le général anglais ayant disposé ses troupes en dehors et à quelque distance de la ville, envoya au connétable un héraut chargé de lui dire que lui et ses compagnons, sachant qu'une journée avait été prise, devant Brest, entre lui et Robert Knowles, ils l'attendraient pour combattre et dégager leurs otages. Le connétable répondit qu'autant que les Anglais il avait le désir de combattre, et qu'il le leur prouverait dès qu'ils seraient rendus à l'endroit fixé par le traité. Les Anglais objectèrent que, comme ils n'avaient pas de chevaux, il ne serait pas juste d'exiger d'eux qu'ils allassent plus avant à pied. En conséquence, le héraut demanda, en leur nom, ou que le connétable leur prêtât des chevaux, ou qu'il vînt vers eux. Du Guesclin répliqua qu'il ne serait pas assez simple pour prêter ses chevaux, à moins qu'on ne lui remît de bons et suffisants otages, ajoutant que s'ils s'excusaient de ne pas avancer davantage sur ce qu'ils étaient gens de mer, on pouvait leur répondre que, de part et d'autre, on n'était pas au lieu convenu. Pendant que le héraut rapportait cette réponse à Salisbury, le connétable se mit en route et, parvenu à un jour de marche de Brest, il s'arrêta et signifia à Salisbury que, s'il venait à lui, la bataille s'engagerait, faute de quoi ses otages seraient pendus. Salisbury riposta que si du Guesclin faisait encore les deux tiers du chemin, il ferait, lui, le reste, à moins qu'il n'aimât mieux que chacun en fît la moitié, lui déclarant qu'il eût, en cas de refus, à lui rendre ses otages. Ces étranges pourparlers n'annonçaient, de part et d'autre, aucun désir sérieux de combattre, et cela se conçoit. Les Anglais avaient reçu et devaient recevoir des renforts du côté de la mer, et du Guesclin, l'homme des surprises et des coups de main, se souciait peu de tenter les chances d'une bataille rangée dont l'issue, lui eût-elle été favorable, ne l'aurait pas dispensé de continuer le blocus, jusque là très peu efficace, et qui menaçait de le devenir encore moins quand de nouveaux renforts de vivres et de munitions eurent été introduits dans la place. Elle se trouva alors si bien en état de se défendre que Salisbury put se rembarquer en toute sécurité, et que du Guesclin s'éloignant, de son côté, retourna au siège de Derval. »

Ce récit ne manque point de pittoresque. Le règne de Jean IV fut marqué, du reste, par de continuelles batailles entre Anglais et Français. On retrouve le même Jean IV débarquant à Saint-Mathieu au printemps de 1375, avec 2.000 hommes d'armes et 3.000 archers. Après avoir été l'ami, l'allié des Anglais qu'il avait rendus maîtres de Brest par les traités de 1378, Jean IV avait conclu, en 1381, une alliance offensive et défensive avec le roi de France, Charles VI, celui au nom duquel on chante le refrain populaire : « Jamais en France l'Anglais ne régnera... » Ce Jean IV passait ainsi de l'Angleterre à la France avec une aisance remarquable, et il n'en était pas mieux vu pour cela. En 1384, Charles VI réclame vainement la remise de Brest à la France. Les Anglais refusent ; les conférences de Lelinghen échouent, et ce fut Jean IV qui, en 1386, fut chargé de reprendre la ville avec l'aide de l'illustre Clisson. Le duc de Bretagne usa dans cette circonstance, comme toujours, de la plus inique duplicité.

Brest, durant ce siège, était commandé par le capitaine anglais Jean Roche, à qui le duc de Lancastre vint porter secours et qui triompha. En une seule journée de bataille, 150 Bretons périrent dans le château. L'année 1387 est marquée par de nouveaux combats entre Bretons et Anglais. Le roi d'Angleterre, Richard II, tenait à conserver Brest. Ce n'est que le 28 mars 1397 que Richard, sur l'intervention personnelle de Charles VI, remit à Jean IV, duc de Bretagne, la ville, le château de Brest, ainsi que la bastide de Saint-Pierre Quilbignon.

Voilà Brest débarrassé de l'occupation anglaise, mais Jean IV meurt deux ans après, le 2 novembre 1399. Après les tentatives infructueuses de Charles VI pour s'emparer du fils du défunt, et la nomination de Even ou Yves, vicomte du Faou, au commandement de Brest, nous voyons la guerre se rallumer encore une fois entre la France et l'Angleterre. 12.000 Bretons, commandés par Guillaume du Châtel et les de Penhoët, attaquent les Anglais devant Saint-Mathieu, les repoussent et vont guerroyer jusqu'à Jersey, Guernesey et Plymouth ; mais bientôt après, une deuxième armée navale anglaise, composée de 6.000 hommes, débarque devant Saint-Mathieu. La victoire reste aux Anglais. L'année 1404 est également favorable à leurs armes. Enfin, en 1405, alors qu'ils mettaient tout à feu et à sang aux environs de Brest, ils sont taillés en pièces par le maréchal de Rieux et Tanguy du Châtel, qui tua de sa propre main le chef anglais, comte de Beaumont. Battus à nouveau sous Saint-Mathieu, où ils perdent 2.000 hommes et 40 navires, ils ne réapparaissent que cinquante ans après, en 1453, époque à laquelle ils furent à nouveau défaits et s'en allèrent piller Crozon pour se dédommager de leur défaite.

En 1489, le vicomte de Rohan s'emparait de Brest au nom du roi Charles VIII, qui place l'écusson de France en signe de souveraineté sur l'une des portes du château. Bien que l'annexion de la Bretagne à la France n'ait eu lieu que l'an 1532, sous François I", Brest n'en appartenait pas moins dès ce jour à la France, mais il se passera plus de cent ans encore avant que Brest soit proclamé ville par Henri IV (1593) — cent ans d'agitation politique et guerrière, au cours desquels se produisit le combat fameux de la *Cordelière* (août 1512), devant Saint-Mathieu, contre la flotte de Thomas Kernevet et où périt l'héroïque Portzmoguer avec onze cents marins, arrêtant l'invasion anglaise qui, l'année suivante, fut également repoussée après la mort de l'amiral Howard.

En 1532, les Etats de Bretagne, réunis à Vannes, décidèrent l'union *de bon gré* avec la France. A dater de ce jour, Brest est placé sous la protection du roi, mais il n'en aura pas moins à lutter sans cesse contre les Anglais, notamment en 1552 et en 1558, lorsque les compagnies de débarquement de l'amiral lord Clinton, après avoir dévasté toute la région du Conquet et l'abbaye Saint-Mathieu, furent rejetées à la mer, avant de parvenir à Brest, par les intrépides paysans de la côte nord, marchant sous les ordres de Guillaume du Châtel, seigneur de Kersimon. Nous arrivons ainsi à la Ligue. La France entière est troublée par les luttes religieuses. Brest reste fidèle au roi Henri IV. Sourdéac devient gouverneur. Il augmente les défenses du château menacé par les Ligueurs qui, en juin 1592, vinrent établir le siège et furent défaits par les troupes brestoises. Les Espagnols sont accourus au secours des Ligueurs ; en 1594, ceux-ci viennent s'installer dans la presqu'île de Kelern, à la « Pointe Espagnole », afin de couvrir de projectiles les navires tentant de franchir le goulet pour ravitailler le château.

Le 15 octobre de cette même année, le maréchal d'Aumont, à la tête de 3.000 Français et de 2.000 Anglais, ces derniers accourus, cette ois, non plus pour attaquer, mais pour défendre Brest, se présente devant les ouvrages fortifiés de la Pointe Espagnole et en commence le siège. De rudes combats se livrèrent. Il fallut plus d'un mois aux troupes royalistes pour réduire à merci la garnison espagnole.

Tous ces efforts de Sourdéac en faveur de la cour royale furent couronnés d'un plein succès, et les Ligueurs du Léon, réunis au Folgoat, décidèrent, le 9 août 1594, de faire leur entière soumission à Henri IV qui, d'ailleurs, s'était fait catholique un an auparavant.

Les Espagnols revinrent cependant en 1597 avec cent vaisseaux, afin de venger la défaite retentissante que leur avait infligée, trois ans auparavant, le maréchal d'Aumont. Une tempête formidable vint, cette fois, au secours de Brest, et les cent vaisseaux de Philippe II furent dispersés...

Un Chef Breton au temps de la Ligue

Tant de services rendus à la cause royale par Brest méritaient une récompense retentissante. Henri IV eût été un ingrat s'il n'eût pas accordé aux Brestois cette récompense. Il s'était exécuté dans un acte du 31 décembre 1593, aux termes duquel il dénommait Brest *ville* et octroyait à ses habitants le droit de bourgeoisie ; « ne sera toutesfois aucun reçu à prendre la dite qualité de bourgeois, sinon en payant quarante escus d'entrée. » Désormais, Henri IV appellera Brest et le château « moitié ville et chasteau », et les Brestois sont devenus les « bien aimés » du Roi !

Et voilà comment Brest devint une ville et comment naquit sa municipalité. Oh ! ce n'était point encore une cité bien populeuse. Elle tenait tout entière dans l'enceinte du château et sur la rive du quai ; mais l'élan était donné. Tant de faits, tant de batailles avaient mis Brest en évidence ! Après en avoir fait une ville, Henri IV songeait à y créer une Marine nationale, et, probablement, à creuser là un port de guerre où abriter cette Marine, car il avait à faire face aux injures combinées des Marines anglaise et espagnole : Ravaillac se chargea d'empêcher le monarque de la Poule au Pot de mettre ses desseins à exécution.

Richelieu ne tarda pas à les reprendre. « L'an 1631, dit Ogée, le cardinal de Richelieu fit bâtir à Brest, où il n'y avait eu encore aucun établissement pour la Marine, un grand nombre de magasins et forma ensuite le projet d'y faire creuser un port. Ce n'était pour lors qu'une bourgade où l'on ne voyait ni notaires, ni procureurs, ni communauté de ville ; elle ressortissait au siège royal de Saint-Renan, petite ville qui n'en est éloignée que de trois lieues. Mais lorsqu'on la fortifia, on y transféra le siège royal de Saint-Renan et on y établit un corps municipal, auquel on accorda des privilèges et des droits. Ces nouveaux avantages y attirèrent un grand nombre de marins et de marchands qui la peuplèrent. On y transféra encore la paroisse de Lambésellec (1) (Lambézellec), éloignée de trois quarts de lieue, qui devint par là trève de Brest, tandis qu'auparavant cette dernière était sa trève. » Jusqu'en 1686, Brest était un simple vicariat de la paroisse de Lambézellec. Brest était un vicariat à la nomination de l'abbaye de Saint-Mathieu ; il ne dépendait pas de Lambézellec. Mais Lambézellec s'étendait jusqu'aux abords du château, en sorte que dès que Brest s'agrandit, cette première extension fut faite aux dépens du territoire de Lambézellec ; mais l'annexion officielle n'eut lieu que plus tard, après la construction de l'église Saint-Louis. Cinq ans auparavant, en 1681, Recouvrance qui, depuis 1662, était une localité distincte, avait été reliée et reannexée à Brest. Et nous voyons, dès lors, l'embryon de ville se

---

(1) Erreur d'Ogée : Lambézellec n'est jamais devenu trève de Brest : Lambézellec est resté paroisse.

développer, grandir. La cité va désormais s'accroître à vue d'œil, en même temps que le port prendra une importance chaque jour plus considérable, encore bien que 1.500 habitants à peine en forment la population à la fin du xvᵉ siècle.

Un plan de 1670 a transmis à la postérité l'aspect de la ville, formée alors des sept rues suivantes : Neuve, des Sept Saints, hausse et basse des Sept Saints, Charonnière, du Petit-Moulin, Ornou et Saint-Yves.

Le 6 octobre de cette même année, l'intendant de Seuil, collaborateur de Colbert dans la continuation de l'œuvre de Richelieu, adresse à Louis XIV un rapport sur les travaux à effectuer pour mettre Brest en état de faire face à ses nouvelles destinées.

Ce fut une « date » non seulement pour Brest, mais aussi pour la Marine nationale, qui trouvait désormais son berceau à l'abri du vieux château rendu glorieux par maints combats. Il convenait de perpétuer ce souvenir. Aussi plusieurs médailles à l'effigie de Louis XIV furent-elles frappées : l'une, au millésime de 1668, porte un vaisseau sous voiles avec la légende latine : *Navigatio instaurata* ; l'autre, de 1670, porte également un vaisseau avec les mots : *Res navalis instaurata*. Nous reproduisons ci-dessous deux autres médailles frappées aussi sous le règne du Roi Soleil.

Depuis 1660, d'ailleurs, les constructions navales avaient donné à la Marine française naissante une flotte nombreuse : le vaisseau le *Jules* (700 tonneaux et 70 canons), le *Saint-Philippe* (1.400 tonneaux et 78 canons), furent les premiers lancés en 1661 et 1663. En l'année 1675 on comptait à Brest 26 vaisseaux, 5 frégates légères, 8 brûlots, 7 flûtes et 1668 canons, dont 1066 en fer et 602 en fonte.

Le rêve de Richelieu et de Colbert avait désormais pris corps. En 1680, le maréchal Vauban recevait la mission de fortifier Brest et d'en faire une citadelle de premier ordre. En mai 1683, il vient diriger les travaux ; en 1689, l'enceinte est terminée.

Ainsi nous venons de voir Brest sortir peu à peu des brouillards de la légende et apparaître dans la lumière de l'histoire. Déjà, c'est une ville de 8.000 âmes ; c'est, aussi, le premier port militaire de France.

III

BREST DEPUIS LOUIS XIV JUSQU'A LA RÉVOLUTION

Après Charles VI, Charles VIII et Charles IX, qui avaient jeté les primes semences, François I⁰ʳ, Henri IV, Louis XIII, Louis XIV avaient préparé Brest à ses grandes destinées. Nous allons voir, désormais, l'œuvre se continuer, le port et la ville prendre de jour en jour une importance plus grande. Toute la France avait, déjà, les yeux fixés sur Brest à la fin du xvııᵉ siècle, quand la fameuse ambassade de Siam, ramenée par le capitaine de vaisseau de Chaumont, débarqua le 18 juin 1686, apportant des présents à Louis XIV, et, au mois de janvier suivant, quand une division française arma à nouveau pour se rendre au Siam, ramenant les ambassadeurs en Indo-Chine. Cette expédition marquait une première tentative d'expansion coloniale fort intéressante : le lest des vaisseaux était formé avec des canons, des mousquets, des armes et des munitions de guerre. Puis, ce furent les préparatifs du deuxième bombardement d'Alger. Vauban continuait, entre temps, ses travaux de fortification. L'étroitesse de la Penfeld, qui est restée le cauchemar de nos modernes constructeurs de cuirassés, préoccupait vivement le célèbre ingénieur, qui s'appliqua à protéger les abords de l'arsenal, à couvrir les côtes nord et sud de batteries. « A considérer Brest par sa situation, écrivait le maréchal, on le trouvera placé sur la partie de Bretagne qui avance le plus dans la mer, également bien situé pour être à portée de l'Espagne, de l'Angleterre, de la Hollande, des Pays-Bas et du Nord, même de l'Afrique et de l'Amérique, à l'embouchure de la Manche, et très bien posé pour tous les lieux du monde ; reculé d'ailleurs dans un coin de terre où il ne peut être utile au commerce (1), auquel il n'est pas propre à cause de la difficulté des voitures de terre et de l'éloignement de tous les lieux qui pourraient y convenir. Enfin, plus on examine cette situation, et plus on trouvera que le dessein de la nature a été d'en faire un port militaire, mais des plus excellens, et pour conclusion : c'est le seul naturel que le Roi ait dans la mer Océane, si avantageusement disposé de toutes les façons, que s'il avait été au choix de Sa Majesté d'en régler la situation et la forme, je suis persuadé qu'elle ne l'auroit choisi ailleurs ni voulu faire autrement. »

---

(1) Cette opinion de Vauban relative à Brest Port de Commerce est, on le sait, très critiquable : tôt ou tard, en effet, les grandes compagnies de navigation viendront chercher les eaux profondes de la rade pour leurs paquebots immenses.

Les années 1689, 1690 et suivantes trouvent le port de Brest en pleine activité guerrière : Châteaurenault, Tourville, d'Anfreville livrent de formidables batailles aux Anglo-Hollandais. En 1691, Brest n'armait pas moins de 69 vaisseaux. Le 26 juin 1693, Tourville part à la tête de 71 vaisseaux, 3 brûlots et 20 bâtiments de charge.

L'escadre anglo-hollandaise de l'amiral Russel se dispose à attaquer Brest en 1694. Plus de cent vaisseaux de guerre cinglent vers le continent. Le danger est imminent. Le Roi charge Vauban de la défense de la ville, que l'ennemi allait surprendre un peu en désarroi — comme au moment de Fachoda, tant il est vrai que l'histoire se recommence : les matelots, les artilleurs, les canons, la poudre manquaient !... En quelques jours, Vauban organise merveilleusement la défense de la place. « Il est sûr, écrivait-il le 31 mai, que quoi que nous ayons trente lieues de costes à garder avec de très méchantes troupes, les Anglais ne mettront point à terre sans tirer l'espée. Je n'ose me flatter de pouvoir empescher la descente, parce que nous sommes trop dissipez et trop peu préparez, *mais on leur fera du mal.* » Le 17 juin, la flotte anglo-hollandaise était signalée à Ouessant. Le 18 s'effectue la tentative de débarquement à Camaret, qui est repoussée victorieusement : les Anglais perdirent 1.200 hommes et laissèrent 500 prisonniers, tandis que les Français n'eurent que 45 blessés. La flotte ennemie s'éloigne de Brest qui, par une sorte de mi.acle, venait d'échapper à la plus redoutable invasion qui l'eût jamais menacé. Et Vauban d'écrire : « Faites un moment réflexion sur tout cela, Monseigneur, et convenez qu'il faut que Dieu protège visiblement le Roy pour que Brest et tout ce qu'il contient ne soient pas de l'heure qu'il est en cendre. »

Lorsqu'en octobre 1695, Vauban quitta Brest pour la dernière fois, il laissait les fortifications à peu près terminées, la ville et le port sérieusement garantis contre les coups de main des Anglais.

A dater de ce moment, et jusqu'à la mort de Louis XIV, le port perd de son activité. Les guerres du Roi Soleil avaient ruiné la France. La Marine ne disposait plus que de quelques millions pour son entretien et ses constructions neuves, et de 1717 à 1723 on ne construisit que deux vaisseaux. Le port s'envasait ; en 1720, il fallut procéder à de coûteux travaux de curage.

Louis XV ne donnait pas assez de crédits à M. de Maurepas pour que ce ministre, plein de bonnes intentions, pût relever notre Marine déjà bien malade... malade comme la royauté elle-même, qui allait rapidement désormais vers les catastrophes !

Depuis quarante ans déjà, à cette époque la ville était administrée par des Municipalités régulières installées, en vertu de lettres patentes de Louis XIV, en 1681. L'essor de la cité avait suivi une marche parallèle au développement de la Marine. La vie des citoyens n'était pas exempte de soucis ni de misères. Le fisc ne se faisait pas faute de les accabler. Trois années avant la mort de Louis XIV, en 1712, cinq cents familles émigrèrent pour se soustraire à l'impôt qui les obligeait à payer au fisc une taxe égale au dixième de leur location (1). Déjà, en 1709, les ouvriers s'étaient révoltés et avaient assailli à coups de pierres les autorités venues pour les calmer : l'hiver avait été si rude cette année-là, que la Manche avait gelé et que le thermomètre descendit à vingt degrés au-dessous de zéro. La misère, qui atteignait tout le monde et s'étendait aux officiers et fonctionnaires, durait encore en 1720.

Nous reproduisons plus loin un plan de Brest à cette époque.

Le château, le port et la ligne des fortifications tracées par Vauban apparaissent nettement. La ville proprement dite, encore très réduite, très ramassée, s'étend sur la droite, pendant que sur la gauche, dominée par le clocher de Saint-Sauveur, le quartier du même nom se groupe derrière le « magasin des vaisseaux » — quartier qui fut en partie détruit par l'incendie du 25 décembre 1742, lequel causa la perte de deux vaisseaux en construction dans l'arsenal, le *Juste* et le *Royal-Louis*, et détruisit une partie des ateliers, ne laissant que bien peu de dégâts à faire au sinistre épouvantable du 26 avril 1744 qui ravagea le reste.

C'est en mai 1749 que le bagne, installé sur les bords de la Penfeld, reçut les premiers forçats, au nombre de neuf cent soixante et un.

A partir de ce moment, les travaux reprennent une certaine activité : on construit des casernes, on met des navires à flot, Brest ayant à coopérer à la guerre de Sept Ans par l'armement, en 1757, de plusieurs escadres. Une épidémie, que l'on compara à la peste de Marseille, fut importée à Brest au mois de novembre 1757 par les vaisseaux le *Bizarre* et le *Céleste*, et durant six mois environ fit un nombre incalculable de victimes. Cette épidémie, dont on n'a jamais pu définir le caractère, a été étudiée avec beaucoup de compétence par M. Fonssagrives, qui la considère comme ayant été due au typhus scorbutique.

Après le traité de 1763, le duc de Choiseul et le duc de Praslin donnèrent une impulsion nouvelle aux travaux du port. Durant neuf années, l'arsenal est l'objet d'améliorations successives et importantes. En 1768, M. d'Ajot, officier supérieur de guerre, arrive à Brest et crée le cours qui porte son nom et qui est encore la plus belle promenade de Brest.

En 1776, Louis XVI succède à Louis XV. Brest compte mille neuf cents maisons et vingt-deux mille habitants. C'est le 20 novembre de cette même année qu'éclate l'incendie terrible qui détruisit l'hôpital de la Marine : trente et un forçats moribonds périrent dans les flammes.

(1) Ces beaux jours sont revenus : la contribution foncière pour Brest est égale cette année à un peu plus de 0,087 du revenu locatif.

Le 7 février 1778, un ordre venu de Paris informe les autorités brestoises que la guerre est prochaine. Aussitôt, une activité fébrile règne partout : c'est, encore une fois, les Anglais qui sont l'ennemi. Au mois de mars, le gouvernement anglais rappela son ambassadeur. « Jamais guerre ne fut plus populaire que celle qui allait s'entamer, dit Levot. L'idée de concourir à l'affranchissement des Anglo-Américains enthousiasmait les habitants et plus encore les officiers et les matelots qui, à l'envi les uns des autres, avaient soif de prendre leur revanche des revers de la guerre de Sept ans... Le résultat obtenu fut dû en grande partie au port de Brest, où s'effectua l'armement des flottes, des escadres ou des vaisseaux que commandèrent d'Orvilliers, d'Estaing, La Motte-Picquet, de Grasse, Guichen, Suffren, La Clocheterie, du Couédic, du Rumain et tant d'autres, dont les glorieux faits d'armes sont retracés dans les diverses histoires de 1778. » Malheureusement, plusieurs incendies vinrent entraver les préparatifs ; en février 1779, le feu détruit les deux vaisseaux le *Roland* et le *Zéphir* ; au mois de juillet suivant, nouvel incendie qui menace de détruire le navire *Royal-Louis* en construction ; le 1ᵉʳ avril 1781, le feu consume encore le magnifique vaisseau la *Couronne*... C'est alors que l'on songea à organiser le corps des sapeurs-pompiers, avec des instructeurs venus de Paris. La guerre se terminait en 1783. La campagne avait été marquée par les actes héroïques de nos chefs d'escadre. Des cérémonies grandioses eurent lieu sur la rade de Brest à cette occasion, notamment le 7 octobre 1779, lorsque rentra la frégate la *Surveillante*, démâtée de ses trois mâts, mais ayant brûlé le vaisseau anglais le *Québec*. La *Surveillante* fut reçue par soixante-dix vaisseaux de ligne français et espagnols et par une foule d'autres bâtiments couverts de leurs pavois en l'honneur de du Couédic, blessé à mort, et de ses braves marins. L'équipage de chaque vaisseau devant lequel passait la *Surveillante* saluait la glorieuse frégate de trois cris de : Vive le Roy !

Brest qui, sept ou huit ans plus tard, allait devenir un ardent foyer révolutionnaire, faisait preuve alors d'un loyalisme enthousiaste pour le roi Louis XVI. L'installation d'un portrait du monarque, qui eut lieu en grande pompe le 21 janvier 1783 — dix ans jour par jour avant la mort tragique sur l'échafaud — dans l'hôtel de la Marine, donna lieu à des fêtes populaires mémorables...

Et puis les travaux du port continuent tout doucement ; de même ceux des fortifications, que l'on augmente sans cesse jusqu'en 1787. Puis, la Monarchie, déjà aux prises avec la Révolution, abandonne Brest à son sort, et nous allons voir que si les Brestois connurent des alarmes durant les premiers siècles de leur histoire, ils vont vivre des jours très cruels au cours de la période révolutionnaire.

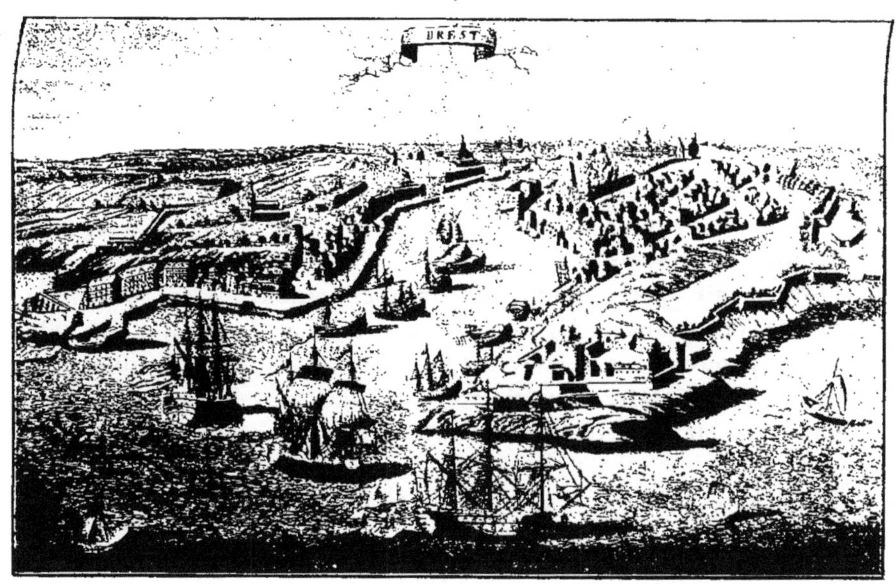

Plan de Brest en 1720

(D'après une gravure d'Antoine Aveline, appartenant à M. Ch. Berger)

IV

BREST PENDANT LA RÉVOLUTION
ET SOUS LA TERREUR

Beaucoup de citoyens français chantent la *Carmagnole*, qui ne savent point le grand honneur fait aux Bretons par l'auteur anonyme de cet hymne révolutionnaire. Or, le douzième couplet est ainsi conçu :

> *Oui, je suis sans-culotte, moi,*
> *En dépit des amis du roi.*
> *Vivent les Marseillois*
> *Les* Bretons *et nos lois !*

Dans les treize couplets de la *Carmagnole* vous chercheriez vainement d'autres provinciaux mis au premier plan de la gloire. Les « Marseillois » et les Bretons sont seuls à cet honneur ! Pour en retrouver le motif, il suffit de savoir que, comme dit un vieil auteur, « au milieu des malheurs de la France, Brest fut encore une des villes les plus cruellement éprouvées. » Il convient de dire aussi que le 20 juillet 1792 la division des volontaires du Finistère arrivait sous les murs de Paris avec les fédérés marseillais, et que Bretons et Provençaux fraternisèrent immédiatement.

Dès 1791, une scène d'une sauvagerie inouïe se déroulait en pleine ville, sur ce champ de bataille illustré depuis par tant d'exploits révolutionnaires. C'était le 23 juin, jour de la Fête Dieu, de jeunes officiers étaient réunis dans un café militaire de la rue Saint-Yves. Des caricatures avaient été dessinées sur les glaces de ce café ; l'une d'elles représentait « l'autel de la Patrie » sous un croquis bizarre. C'était une simple plaisanterie. Mais on ne badinait pas, à cette époque ! La foule s'ameute, envahit le café. Les autorités interviennent trop tard, comme toujours. Bref, un officier du régiment de Poitou, M. Patris, voyant ses camarades menacés d'être écharpés par le peuple en fureur, a l'héroïque courage de se déclarer l'auteur du dessin incriminé et d'en prendre toute la responsabilité. Ah ! ce ne fut pas long : en cinq minutes il est saisi, terrassé, assassiné, décapité par des brutes sanguinaires. Le cadavre est jeté par une fenêtre dans la rue ; puis, la tête est portée en triomphe au bout d'une pique autour de la ville... Ce n'est qu'un an plus tard que l'infortunée princesse de Lamballe subissait un sort semblable. Brest n'était pas en retard sur Paris... Au contraire !

Bien auparavant encore, Brest s'était mis en vedette. A la suite de la publication du nouveau Code maritime, des équipages s'étaient révoltés, qui avaient menacé de mettre la ville à feu et à sang et de massacrer la population. La nouvelle des événements du 14 Juillet 1789 avait surexcité les esprits au plus haut point. Un Conseil général de la commune, investi de pouvoirs dictatoriaux et qui était composé d'éléments bourgeois et militaires, avait été formé qui tenta, bien vainement, d'ailleurs, d'arrêter l'anarchie naissante. Ce Conseil était présidé par M. Branda, maire. En décembre 1789, le Conseil général de la commune cessait son administration et était remplacé par une Assemblée régulière, présidée par le maire Malmanche, lequel fut, plus tard, guillotiné. Les troupes, surtout celles de la Marine, étaient fortement travaillées par la propagande révolutionnaire : le 22 avril 1790, les sous-officiers des cinq divisions du corps royal des canonniers-matelots signèrent un pacte contre leurs officiers, « horde aristocrate qui, semblable à l'hydre, veut infecter par ses odieux propos la liberté naissante. » Le militaire-citoyen apparut dès lors dans toute sa splendeur. L'indiscipline était favorisée par le Conseil général, dont l'émulation révolutionnaire était entretenue avec un soin jaloux par la Société des *Amis de la Constitution*, sorte de syndicat de la délation, dans le genre de celui que la France vit fleurir de nos jours. Le 14 Juillet 1790, les soldats et les matelots portèrent à travers les rues des pancartes injurieuses, menaçantes pour leurs chefs, pour les nobles et les ecclésiastiques. C'était d'un bien mauvais augure. Une grève des ouvriers de l'arsenal éclate le 29 août suivant ; les grévistes jettent des pierres sur la femme de l'intendant, Mᵐᵉ Redon, qui, pour préserver son mari menacé, avait essayé de calmer les perturbateurs. Le 6 septembre, quinze cents matelots mutinés débarquent des vaisseaux l'*América* et le *Majestueux* et se rendent à l'Hôtel de Ville pour protester contre le nouveau code pénal ; puis, ce fut le tour de l'équipage de la frégate la *Fidèle*. L'insubordination gagne tous les vaisseaux de la rade : les officiers sont obligés de quitter leur bord sous la huée de leurs hommes !... Finalement, les révoltés triomphent et le Code pénal est réformé par l'Assemblée nationale. Résultat : le 6 octobre 1791 on constatait que cinq capitaines et deux cent huit lieutenants de vaisseau avaient abandonné l'escadre !

Puis, ce fut l'agitation provoquée par la constitution civile du clergé. Dès le début de l'année 1791, le curé de Plabennec, M. Jestin, était arrêté et conduit sous escorte au Petit-Couvent, à Brest, où il était incarcéré. C'était le signal de la guerre religieuse en Bretagne et particulièrement dans le Léon : il fallut occuper militairement Plou-guerneau, Lannilis, Plourin, Saint-Renan, Crozon, Guipavas et autres lieux pour faire exécuter la loi.

Après le 10 août, la royauté décline, les Brestois célèbrent en grande pompe l'avènement de la République : les noms des vaisseaux de guerre sont changés, le *Diadème* s'appellera *Brutus*; le *Royal-Louis* s'appellera *Républicain*.

Nous voici en pleine Terreur. D'après Levot, Brest comptait en 179? un peu plus de 24.000 habitants. Quelques jours après l'exécution de Louis XVI, Brest avait à se préparer à la guerre, la rupture avec la Hollande et l'Angleterre étant un fait accompli. L'insurrection régnait partout alentour, les paysans refusant d'obéir au décret de recrutement de l'armée. Un tribunal criminel s'installe à Brest le 9 avril, et les exécutions commencent le lendemain : François Barbier, notaire, ancien procureur fiscal et maire de Ploudalmézeau, inaugura la guillotine qui servit, treize jours après, au maire de Plouzévédé, Jean Prigent, exécuté à Lesneven. Le désarroi était partout. La garnison comptait à peine quinze cents hommes et l'attaque de l'ennemi pouvait se produire d'un moment à l'autre. Pour la première fois, on pense à éclairer le port durant la nuit ; date mémorable, car jusqu'alors il était dépourvu de tout moyen d'éclairage. Les équipages des vaisseaux sur rade sont en perpétuelle mutinerie ; la population elle-même est en telle anarchie que les représentants Sevestre et Cavaignac, venus pour s'enquérir de la situation, sont obligés de quitter la ville, où leurs jours sont menacés. Le 19 juillet, la Convention décrète la mise en accusation des administrateurs du Finistère, et le siège de la nouvelle administration est transféré de Brest à Landerneau.

Le maire Malassis est mandé à la barre de la Convention, tandis que le Comité de Salut public délègue en août, à Brest, Bréard et Tréhouart. Toulon vient d'être livré aux Anglais. Il importe d'éviter que Brest ne subisse le même sort. Les deux représentants écrivent quelques jours après au Comité les lignes suivantes : « Nous continuons à être satisfaits de l'esprit qui règne ici dans la grande majorité des habitants ; haine aux Anglais, horreur de l'infâme trahison de Toulon : tels sont les sentiments qui nous semblent exister. Hier, nous prîmes une grande mesure de salut public pour nous assurer de tous les gens suspects... » La suspicion va désormais s'étendre un peu partout, et les citoyens brestois sont à la merci du premier dénonciateur venu. Les représentants voient des traîtres à la République à tous les coins de rues. Les prisons regorgent de locataires. On arrête à tort et à travers et par fournées, non seulement à Brest, mais dans les environs : Guipavas, Lannilis, Landéda, Porspoder, Ploumoguer, Saint-Renan, Saint-Pierre Quilbignon, Plouzané, Milizac, Trébabu, Brélès fournissent leur contingent de détenus politiques aux prisons brestoises. En novembre, la disette est partout. Le pain est cher. L'armée navale est en pleine désorganisation quand Villaret-Joyeuse en prend le commandement en chef, et travaille de concert avec le conventionnel Jean Bon Saint-André à sa reconstitution. En décembre 1793, Bréard réclame l'installation du tribunal révolutionnaire — il quitte Brest au début de janvier 1794 sans que ce tribunal ait encore été créé. Mais le temps marche. Bientôt se forme le redoutable triumvirat Laignelot, Hugues, Ance, trois bourreaux en une seule et même personne, venus de Rochefort pour le plus grand malheur des Brestois. Ance, surnommé le Boucher d'hommes, sorte de muscadin, déclarait, dès son arrivée, qu'il ambitionnait l'honneur de couper des têtes. Il signait « Ance, vengeur » *(sic)*. Dès lors, la ville est en proie à la vraie terreur. Le troisième bataillon, dit de la Montagne, arrive à Brest pour servir de garde du corps au tribunal révolutionnaire : ce tribunal, formé le 5 février 1794, était composé de douze membres, dont un certain séminariste défroqué, Palis, chirurgien de son état. La chirurgie avait sa place toute marquée au sein d'un Conseil dont l'ambition principale était de tailler dans la chair humaine... Trois jours après, la « sainte guillotine » était dressée en permanence sur le Champ de Bataille, tandis que le tribunal révolutionnaire s'installait dans la chapelle de la Marine. Trois têtes tombèrent tout d'abord : celles du lieutenant de vaisseau de Rougemont et de deux tout jeunes gens, Le Dall de Kéréon, âgé de 19 ans, et de Montécler, âgé de 18 ans. Sa mère, Mme de Montécler — Jeanne-Josèphe de Rosly — était veuve de Louis-Augustin de Montécler, capitaine de vaisseau, sous-directeur des constructions. L'hôtel de Montécler était situé rue de la Rampe, n° 19 (propriété actuelle de Mme la baronne Didelot). Ce sang qui avait souillé le Champ de Bataille marqua le début d'une période lugubre.

Entre temps, l'armée navale de Villaret-Joyeuse se bat héroïquement contre les Anglais pour assurer le ravitaillement en blé de la place affamée. Le 28 mai et le 1er juin 1794 elle sort de Brest, livre deux combats terribles à l'escadre anglaise et ouvre le passage à un convoi de cent seize navires chargés de grains. C'est au combat du 1er juin que le vaisseau le *Vengeur* s'immortalisa. Le vaisseau la *Montagne* rentrait à Brest avec deux cent trente boulets dans sa coque... Mais la guillotine fonctionnait toujours. Elle avait été transportée, en mars 1794, sur la place du Château. Le 20 mai, le terrible Ance s'offrait vingt-six exécutions à la file : il guillotinait en moins d'une heure les vingt-six administrateurs du Finistère, condamnés à mort par l'affreux tribunal révolutionnaire... Et l'on tua sans relâche jusqu'après le 9 thermidor. Ce ne fut guère qu'en septembre 1794 que les infortunés Brestois recommencèrent à respirer. Les prisons ouvrent leurs portes. La vie normale reprend peu à peu, mais la misère est à son comble, et elle se prolongera plusieurs années. En 1801, des distributions gratuites de pain étaient faites à la population affamée. « Ainsi, conclut M. Levot en terminant sa remarquable étude sur la Terreur, Brest se trouvait dans la même situation que pendant la seconde période du règne de Louis XIV, tant il est vrai que le despotisme, qu'il s'exerce en haut ou en bas, aboutit aux mêmes résultats. »

Le tribunal révolutionnaire de Brest prononça *au moins* soixante-treize condamnations à mort, qui se répartissent comme suit :

I. — *Clergé*. — Un évêque : l'évêque constitutionnel Expilly, condamné comme administrateur du département. Huit prêtres insermentés : les abbés Le Coz ; Drevez ; Habasque ; Péton ; Branellec ; Rolland ; Clech ; Rideau. Un religieux : Mével. Deux religieuses : Gigant ; Jégo. Au total douze condamnations.

II. — *Marine et Armée*. — Trois officiers de marine : de Rougemont ; Le Dall de Kéréon ; de Montécler, qui furent les trois premières victimes. Trois officiers de l'armée : le maréchal de camp de Kergariou ; Cuny et Moulin, tous trois administrateurs du département. Quatre marins : Le Gouy ; Croy ; Girard ; Revers. Un soldat : Hippolyte. Deux employés des bureaux de la Marine : Mérienne, administrateur du Finistère, et de la Porte-Belval. Au total treize condamnations.

III. — *Magistrature*. — Deux anciens magistrats : Hervé de Chef du Bois ; Moreau (le père du général). Six magistrats de la République : Dubois ; Le Prédour ; Herpeu ; Le Thoux ; Piclet ; Guillier du Marnay, cadet, tous administrateurs du Finistère. Au total huit condamnations.

IV. — *Bourgeoisie*. — Onze hommes de loi et notaires : de Malescat (ancien noble) ; Barbier, maire de Ploudalmézeau ; Prignot et Le Bronsort, notaires, et sept administrateurs, savoir : Brichet ; Morvan ; de Bergevin ; Doucin ; Le Pennec ; Le Gac ; Le Denniat de Kervern. Six négociants, dont quatre administrateurs du département : Aymez ; Guillier du Marnay, aîné ; Le Roux et Daniel Kersaux, et deux administrateurs de district : Broustail et Toullec. Un chirurgien : Malmanche. Quatre cultivateurs-négociants, tous administrateurs : Derrien ; Postic ; Banéat ; Deniel. Un cultivateur : Kerébel. Un étudiant : Raby. Cinq citoyens de professions diverses : Levée et Algant, charpentiers ; Roussel, tailleur ; Beaugeard, bonnetier ; Mingant, meunier. Au total vingt-neuf condamnations.

Femmes. — Quatre dames nobles : Mmes de Launay ; de Coatanscours ; Mlles de Forsanz et Jacob de Kerjégu. Trois bourgeoises : Mmes Pichot de Kerdizien ; Le Saulx ; Le Coant des Marets. Quatre femmes du peuple : Boehhen, commissionnaire ; les sœurs Leblanc, tricoteuses ; Lerron, marchande. Au total onze condamnations.

V

BREST AU XIX' SIÈCLE

Brest, port de guerre, ville de marins, ne devait prendre aucune extension sous le premier Empire, occupé surtout aux guerres continentales. Le premier Consul Bonaparte était depuis un an à peine parvenu au pouvoir suprême que les flottes combinées de la France et de l'Espagne étaient détruites à Trafalgar. Si c'était pour la Marine française un coup dont elle a peine encore à se relever, ce fut pour Brest le signal d'une ère de décadence ou tout ou moins de pénible *statu quo.*

Jusqu'à l'orée du siècle dix-neuvième on s'était battu contre les Anglais aux portes mêmes de Brest. La lettre suivante, tout à fait inédite et que nous avons retrouvée dans des archives de famille, décrit, en un style pittoresque et bien *nature,* un combat de cette époque. C'est un capitaine de vaisseau qui écrit, en fort mauvais français, du reste, à un ami :

« A Brest, ce 12 Thermidor an 9 (1799).

« Je t'annonce avec plaisir, mon cher ami, que ma femme vient d'accoucher d'un garçon, je t'avais promis de te le faire savoir, aussi je tiens à ma parole, depuis longtemps j'aspirai au bonheur d'être père, présentement tous mes vœux sont accomplis.

« Tu aura surement sut nos nouvelles maritimes par les papiers public, aussi je t'en parlerai pas. Mais je vais te faire une petite citation de ce qui vient de ce passer ici relativement à la corvette française la *Chevrette.*

« L'amiral Villaret, commandant en rade de Brest, avait envoyer au mouillage de Camaret les corvettes l'*Eole,* commandée par Moreau (le frère du général de ce nom) et la *Chevrette,* commandée par le C' Echasseriau, capitaine de frégate, officier pleint de mérite et de bravoure. Dans la nuit du 2 au 3 de ce mois, ce minuit, au changement de quart et au moment ou les matelots descendaient pour éveiller l'autre partie de l'équipage, vingt embarquations anglaise l'abordèrent et la prirent à l'abordage. Voici comment cette événement se passa.

« Au couché de la lune, une de ces embarquations passa à la portée de la voix, on hella dessus, ils répondirent *pécheurs,* on ordonna a ce bateau d'accoster comme c'est d'usage ; lorsqu'il fut a la portée du fusil ils lachèrent une bordée dessus, au même moment toutes les chaloupes

---

ennemies abordèrent de l'autre bord, pendant que deux de ces embarquations étaient occupés a couper les cables, aussitôt l'officier de quart cria *aux armes, nous sommes abordés*, le capitaine Echasseriau monta sur le pont, mais la majeure partie des matelots furent ce cacher et il ne resta plus sur le pont qu'une vingtaine d'hommes ; deux officiers de la Marine, *le tourneur* et *le vasseur*, enseignes de vaisseau, agirent comme des laches et suivirent l'exemple des matelots qui ce cacherent.

« Les Anglais à bord au nombre de 3oo combatirent contre une vingtaine de Français, le capitaíne Echasseriau s'empara d'un sabre et combattit à l'arme blanche contre deux hommes à la fois qu'il finit par vaincre. Ensuite son arme étant venu à rompre il en prit une autre auquel il arriva pareil événement, aussitôt il s'empara du penon (c'est une barre de fer au bout de laquelle on met une petite girouette pour voir de quel côté vient le vent), enfin il finit par être vaincu par le nombre et tomba mort sur le pont avec le penon dans les mains. Le capitaine d'arme fit également des prodiges de valeur, à lui seul il tua une trentaine d'Anglais. L'officier de quart fit son devoir et ce signala par des actions de la plus grande bravoure. Il y avait une cinquantaine de passagers sur cette corvette, composé de negre et mulatre, destiné pour Cayenne, quelques uns se distinguèrent, l'officier particulièrement qui fut tué sur le point.

« Cette corvette, enlevé par les Anglais, fit route pour l'armée anglaise qui était en panne auprès d'Ouessant à attendre le succès de cette opération. Les Français ce battait encore presque dans le milieu de l'armée anglaise. Enfin il finirent par ce rendre, l'amiral Anglais satisfait du courage qu'avait montré ceux qu'avait combattu, ordonna que l'on transporta à son bord les blessés et que les autres fut mit a bord des autres vaisseaux. L'amiral anglais dit au capitaine d'arme français « j'ai un grand regret sur l'événement qui vient de ce passer, c'est toi qui a tué mon fils. » (Le fils de l'amiral anglais était, en effet, un des abordeurs). Celui-ci répond : « Et moi aussi j'ai un grand regret. »

« Quel est-il donc demande l'amiral ?

« J'ai perdu mon brave capitaine. »

« L'amiral lui dit ensuite : « Je ne sàis ce qui m'empéche de te faire pendre ! »

« Celui-ci lui répond : « Je ne crains pas la mort, il ne me reste presque plus de temps à vivre, tu es le maître, mais rappelle toi que si tu le faisait ma patrie me vengerai. »

« Après cette réponse belliqueuse, l'amiral ordonna qu'on eut soin de cet homme et il fut traité comme officier. L'amiral anglais ne s'en tint pas au premier procédé de faire venir à son bord les blessés, il nous envoya un parlementaire pour nous prier de lui envoyer un batiment pour prendre les blessés, ce qui fut fait de suite et le 9 arriva 90 blessés.

« Je fini en te souhaitant une bonne santé, ainsi qu'à ton épouse et à tes chers petits enfants. Je t'embrasse.

« Ton ami pour la vie,

« Maistrat,

« A bord du vaisseau le *Patriote*, en rade de Brest. »

On voit par là de quelle trempe étaient faits ces marins de la République, dont la tourmente révolutionnaire n'avait point émoussé la bravoure indomptable, mais qui n'avaient pas eu le temps d'apprendre l'orthographe.

Après Trafalgar, hélas ! Brest connut les jours vides. La rade ne revit plus ces flottes gigantesques de cent et cent cinquante vaisseaux de haut bord qui, sous Louis XIV, Louis XV et Louis XVI couvraient ses eaux tranquilles de leurs voilures immenses. Pour la première fois dans une délibération du Conseil municipal, du 29 vendemiaire an X, il est question du Conseiller d'Etat « Préfet Maritime ». On sait que les préfectures maritimes furent créées par Bonaparte, le 7 floréal an VIII, sous le ministère de l'ingénieur Forfait. Le premier Préfet Maritime de Brest fut le comte Caffarelli.

Le 18 brumaire de l'an X, la ville célèbre en grande pompe la pose de la première pierre de la statue de Neptune et la fête des préliminaires de la paix conclue entre la République française, l'Angleterre, la Russie, la Sublime-Porte et le Portugal.

Les temps sont changés. La ville chère aux sans-culottes, la cité révolutionnaire du siècle précédent devient bonapartiste. Le 28 fructidor an XIII, le Conseil municipal délibère, s'aplatit aux pieds de l'Empereur, et en quels termes ! Goûtez cette délibération :

« Sur l'observation qui a été faite que le tableau de Sa Majesté l'Empereur, placé dans la salle du Conseil et que la commune *s'était empressée de se procurer au temps du Consulat*, n'est point parfaitement ressemblant ; qu'il serait à désirer qu'il fût remplacé par une plus fidèle image, dont la vue sera toujours chère et flatteuse pour les Français en général et en particulier pour les Brestois ;

« Le Conseil arrête de prier M. le Préfet du Finistère de mettre au nombre de ses bons offices, de sa bienveillance et de ses sollicitudes vraiment paternelles pour la ville de Brest, *l'avantage inappréciable pour ses habitants* de posséder à l'hôtel de la Marine le tableau fidèle de Sa Majesté l'Empereur et Roi... »

Il eut été difficile de se montrer plus... poli pour le maitre du jour.

L'inauguration de ce portrait donna lieu à des réjouissances imposantes. Il y eut grand gala, distribution de pain et de vin au peuple. En 1810, Napoléon Iᵉʳ épouse Marie-Louise, archiduchesse d'Autriche, et décide qu'une dot de six cents francs serait accordée à dix anciens militaires qui se marieront à Brest le même jour que lui. La liste des futurs époux est fournie au Conseil municipal qui l'approuve aux cris de : Vive l'Empereur ! Mais l'étoile du vainqueur d'Austerlitz a pâli. Nous sommes en 1814. Le Conseil municipal de Brest se réunit le 14 avril et délibère.

Monsieur le Maire dit :

« L'allégresse publique vous a fait connaître, Messieurs, les heureux événements qui ont changé la destinée de la France. En vous réunissant à moi, j'ai devancé vos désirs puisque vous allez exprimer solennellement votre vœu, celui de tous les habitants et de tous les militaires de terre et de mer, etc., etc...

« Le Conseil s'est spontanément levé et d'une voix unanime adhère, *avec transport*, à la charte constitutionnelle qui rappelle Louis XVIII sur le trône de ses pères... »

Un an après, le 17 avril 1815, le Conseil municipal de Brest, composé des mêmes éléments ou à peu de chose près, vote une adresse — mais celle-ci à l'adresse de Napoléon Iᵉʳ, redevenu Empereur des Français. En 1816, avec Louis XVIII le Désiré, nouveau changement de front. Il faut bien être de son temps ! Etant donné que, d'après un dicton célèbre, les imbéciles seuls ne changent jamais, les conseillers brestois devaient être, à cette époque, fort spirituels... L'année 1823 nous montre la ville de Brest fêtant le retour de la garde royale, revenant d'Espagne où elle a pris part à la campagne ayant pour but de restaurer Ferdinand VII sur le trône.

Des incidents assez vifs se produisirent entre temps à l'occasion des missions. Le peuple brestois, qui fut toujours très *manifestard*, conspuait alors les missionnaires de la Foi, ainsi que les soldats suisses, mercenaires du roi. En avril 1823, une véritable bataille éclate entre la force armée et les spectateurs, dans la salle du théâtre, au sujet de la représentation de *Tartufe*, interdite par le maire et réclamée par le public « en dépit de la Congrégation et des Jésuites. » Il y eut arrestations et condamnations.

En 1830, Brest comptait environ 30.000 habitants. En 1832, d'après Emile Souvestre, « l'arsenal possédait à lui seul le tiers des richesses de la Marine. » Dès ce moment, l'avenir de son port de commerce se dessine ; c'est un facteur nouveau de prospérité. Au point de vue militaire, Louis-Philippe ayant établi une première « entente cordiale » avec l'Angleterre, la Marine devait forcément péricliter. L'année 1831 est marquée par l'expédition du Tage ; celle de 1838 par l'expédition de la Vera-Cruz. Le 1ᵉʳ septembre, une escadre composée de vingt et un vaisseaux, dont *deux à vapeur*, quitte Brest sous les ordres de l'amiral Baudin.

Sous la deuxième République, la Marine de guerre reste au repos à peu près complet. Sous l'Empire, la campagne de Crimée apporte

Les Murailles de Vauban conquises par le chemin de fer

(D'après un cliché de M. Muge, Brest)

quelque animation au port de Brest. Napoléon III voulut, d'ailleurs, la grandeur de la Marine, qui allait remplacer désormais le bois par le fer, la voile par la vapeur. Au mois d'août 1858, Napoléon III et l'Impératrice Eugénie viennent à Brest. L'arsenal reprend une activité nouvelle. Les guerres d'Italie, de Chine et du Mexique fournissent à

" Triple-Sec " SIMOTTEL

nos vaisseaux des occasions de combattre... Cependant, quand éclatèrent les hostilités de 1870, l'escadre du Nord, celle de Brest, comptait seulement sept navires cuirassés, et le rôle de notre Marine se borna au combat du *Météore* et du *Bouvet* ; elle ne put empêcher un croiseur prussien, l'*Augusta*, de remonter la Gironde et de couler un paquebot français.

Le développement de Brest souffrit de cette crise prolongée de la Marine.

Comme faits mémorables dans la vie brestoise sous le second Empire, il convient de citer la construction du pont National en 1861, pour relier les deux rives de la Penfeld ; puis l'inauguration du chemin de fer, que l'on appelait alors ligne de Guingamp à Brest. Cette inauguration eut lieu, en grande pompe, le 25 avril 1865. Le Ministre de l'agriculture, M. Bétrie, fit à cette occasion un discours fort important où il prédisait le plus bel avenir à la vieille cité du roi Bristockus. A dater de ce jour, le principal port de guerre de France était relié au cœur même de la capitale par la voie ferrée. C'est également en cette année 1865 que des envoyés japonais vinrent à Brest pour recruter les ouvriers nécessaires à la création de l'arsenal de Yokohama. Le 22 juillet 1869, le premier câble français reliant Paris à New-York installait ses services d'atterrissage à Brest, qui devait perdre peu à peu son cachet de très vieille ville et se moderniser rapidement. En 1893, les vénérables fortifications de Vauban étaient traversées elles-mêmes par le chemin de fer départemental.

Nous arrivons ainsi à la vapeur, et comme il convient à des touristes très pressés, au vingtième siècle.

VI

BREST AU XXᵉ SIÈCLE

Plusieurs événements importants ont marqué les premières années du xxᵉ siècle pour la ville de Brest. En mai 1902, le Président de la République, M. Loubet, vient s'embarquer à Brest pour son voyage de Russie. En mai 1903, le maire, M. Charles Berger, se rend en Russie pour représenter la ville aux fêtes de Saint-Pétersbourg. M. Berger fut reçu par l'Empereur Nicolas II, le 3 juin, au palais de Tsarkoié-Sélo. Le 26 juillet 1903 a lieu, en grande pompe, la pose de la première pierre du bassin de radoub, au port de commerce.

Puis, dans l'ordre politique, en mai 1904, la conquête des pouvoirs municipaux par le parti socialiste, et comme conséquence presque immédiate un bouleversement général dans les habitudes administratives et locales, des grèves retentissantes, des émeutes ; presque des combats dans la rue, en juillet 1904 et en mars 1905. Il n'y eut point de sang versé fort heureusement, mais ce fut grâce à l'habileté et au sang-froid du

M. TOUREL, Sous-Préfet de Brest (1904-1905-1906)

sous-préfet Tourel, dont le nom restera, pour la postérité, intimement lié à l'histoire locale.

Enfin, au mois de juillet 1905, Brest eut l'honneur d'être le port de guerre choisi pour recevoir l'escadre anglaise du vice-amiral May.

Il s'agissait de refaire, sur des bases plus solides et plus durables, l'entente cordiale entre la France et l'Angleterre — cette entente ébauchée sous Louis-Philippe et qui traversa, depuis, des vicissitudes si diverses.

Les fêtes données à l'occasion de la visite de l'escadre anglaise furent splendides. Elles commencèrent le lundi 10 juillet et durèrent pendant toute la semaine. Il y eut, notamment, un grand bal anglo-français à bord du *Jauréguiberry*, amarré dans l'arsenal, où cinq mille invités se pressèrent. Le vice-amiral May avait amené huit cuirassés formidables ; leur entrée dans le goulet, la prise de leur corps-mort au milieu des vaisseaux français de l'escadre du Nord, par une après-midi légèrement brumeuse, firent croire aux vieux Brestois qu'ils étaient l'objet de quelque illusion. Puis, quand ils virent marins français et marins anglais fraterniser joyeusement à travers les rues de l'antique cité armoricaine, ils pensèrent que l'histoire offre de ces ironies imprévues où se complaît le destin des peuples : c'était à Brest,

dans cette place forte où, durant des siècles, le seul objectif avait été la lutte contre l'Anglais, où depuis des centaines et des centaines d'années le seul mot « d'Angleterre » soulevait de rage les populations et les faisait courir aux armes, — c'était sur cette rade si fréquemment remuée, aux temps anciens, pour le départ des flottes nombreuses et vaillantes allant au devant de l'ennemi héréditaire, toujours le même, oui c'était ici que la France à sa redoutable voisine de Grande-Bretagne venait donner le baiser de paix...

Vice-Amiral anglais MAY
Commandant l'Atlantic Fleet en 1905.

Le souvenir de ces solennités de la paix restera longtemps gravé dans la mémoire des Brestois.

Où lord Russel avait échoué, le 18 juin 1694, en employant la force,

Le Cuirassé "Jauréguiberry"

A BORD DUQUEL FUT DONNÉ, LE BAL DE L'ENTENTE CORDIALE, LE 11 JUILLET 1905

l'amiral May triompha, en juillet 1905, par la douceur.

Le rameau d'olivier que le commandant en chef de l'escadre de l'Atlantique apportait à son grand mât imposa silence aux redoutables batteries du Goulet, que la présence d'un ennemi tentant de forcer la passe eut fait éclater en tonnerres effroyables.

De leur côté, les Anglais furent extrêmement flattés de l'accueil des Brestois.

Au mois d'août suivant, les officiers et marins de l'escadre du Nord reçurent, en effet, à Portsmouth et à Londres, une hospitalité dont le faste stupéfia les plus blasés. L'enthousiasme des populations britanniques au passage de nos matelots fit croire à certains vieux loups de mer bretons qu'ils étaient l'objet de quelque rêve. Les mathurins provençaux, égarés dans notre flotte du Nord, avouèrent que jamais la Canebière n'avait surpassé Trafalgar-square en fait d'acclamations délirantes, et que Marseille et Toulon avaient beaucoup à apprendre pour se mettre à la hauteur de Portsmouth et de Londres !

Et c'est ce qui nous permet de dire, comme conclusion de cette courte notice historique, que depuis les premiers âges de son existence et jusqu'à nos jours, la ville de Brest joua un rôle très important dans la vie nationale. L'entrée triomphale des cuirassés de

Vice-Amiral CAILLARD
Commandant l'escadre du Nord en 1905

l'amiral May, dans le goulet que ses ancêtres intrépides ne purent jamais forcer, prouva que, même dans les choses de la diplomatie, mieux vaut douceur que violence...

Depuis ses origines municipales, c'est-à-dire depuis 1608, Brest a eu soixante-dix-sept maires. Le premier dont le nom ait été relevé par l'histoire était François Le Bescond, sieur de Kanmean. Le maire actuel a nom Victor Aubert. Le record de la durée a été acquis par les maires Poulrinou-Lars, Jacques (1694-1717) ; Bizet, Hyacinthe-Martin (1848-1865) ; Delobeau, Louis-Arthur (1884-1900).

PLAN DE BREST en 1906

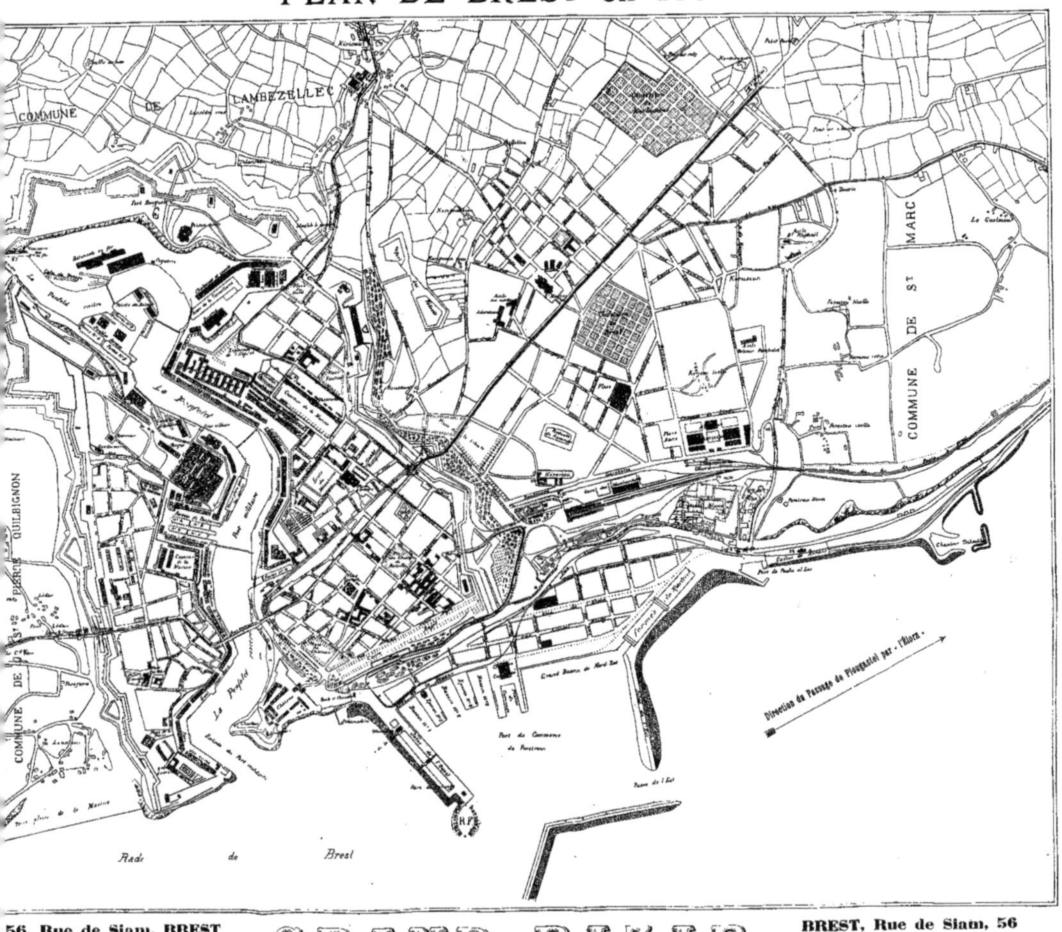

BREST AUJOURD'HUI

A TRAVERS LA VILLE

Sur la place de la Concorde, à Paris, huit statues monumentales représentent les villes principales de France. Parmi elles, se trouve la statue de Brest, qui fait pendant à celle de Strasbourg, du côté de la rue Royale : Strasbourg, la ville annexée, restée là, quand même, toujours vénérée, objet d'un culte touchant de la part des Parisiens ; Brest, le port de guerre d'où partiront peut-être, un jour, les escadres pour aller combattre, au large, l'ennemi et reprendre de haute lutte les provinces enlevées à la mère patrie, après le traité de Francfort. N'y a-t-il pas comme un symbole dans la disposition, dans le rapprochement des deux monuments de pierre, placés l'un en face de l'autre, au cœur même du territoire ?... Sur le socle de la statue de Brest sont les armes adoptées en 1683 et rappelant l'union de la Bretagne à la France : « parti le premier d'azur à trois fleurs de lis d'or, le deuxième d'argent semé de mouchetures d'hermine de sable. »

Le touriste ne découvrira point à Brest l'équivalent, ou la copie, ou la réduction de la statue de la place de la Concorde. Tous les auteurs qui, jusqu'à présent, ont consacré des études ou des descriptions à Brest, s'accordent à dire que c'est « une ville sans monuments ». Il en est cependant quelques-uns, mais si peu, que ce n'est point de leur histoire que nous eussions pu tirer la matière d'un chapitre. Nous allons voir que nous trouverons ailleurs amplement de quoi nous rattraper.

La visite classique de monuments plus ou moins historiques, plus ou moins conservés, ne constitue pas le seul but du tourisme : comme les pays de montagne, les pays de mer ont leur attrait tiré de la nature elle-même, de la vie, des mœurs et des traditions locales. Nous sommes ici en pays de mer, sur une côte illustrée par maints combats, dans une cité toute peuplée de souvenirs, qui fut grande dans le passé et sera plus grande dans l'avenir. Et voilà pourquoi on la visitera toujours avec intérêt.

LE CLIMAT

— Brest n'est pas une ville de terre ferme, disent les auteurs de la *Bretagne Contemporaine* : c'est une colonie, ou mieux encore un gaillard d'avant où vit un équipage ramassé de tous côtés ; où s'agite, sous une pluie presque constante, une population en manteau de caoutchouc et en chapeau de cuir bouilli.

Il y a bien de l'exagération dans cette réputation, pourtant bien établie aujourd'hui, qu'il pleut à Brest sans discontinuer et que ses habitants, comme les grenouilles, vivent et s'ébattent sous l'eau et parmi les marécages.

Afin d'établir la vérité sur des bases certaines, nous avons relevé, à l'observatoire de la Marine, pour les années 1904 et 1905, le nombre de jours où il a plu. Voici des chiffres officiels : en 1904, il y a eu à Brest 172 jours de pluie ; en 1905, 168.

Quant au climat, il est généralement d'une douceur remarquable ; la neige, la glace, le verglas apparaissent rarement. Bon nombre de Brestois n'usent jamais de bois de chauffage, si ce n'est pour la cuisson des aliments. Même dans les familles bourgeoises aisées, la cheminée reste la plupart du temps à l'état d'ornementation architecturale, et si la maîtresse au logis fait, parfois, une flambée, c'est pour la forme, quand elle reçoit des visites. On trouve la trace et la preuve de cette douceur exceptionnelle du climat dans certains vieux usages relatés par les anciens auteurs, comme celui qui consistait, autrefois, à obliger les jeunes mariés à se jeter dans la mer le premier jour de l'an. Fait à noter : la plupart des tuyaux de cheminée en maçonnerie sont, au-dessus des toits, parés de toute une végétation luxuriante, preuve certaine que la fumée passe rarement par là.

L'époque la moins tempérée est généralement celle qui commence vers la mi-février pour se terminer vers la mi-avril. De grands vents froids soufflent du nord ; la brise est souvent dure ; mais il n'est pas rare de jouir, à Brest, en plein hiver, de journées ensoleillées, aussi chaudes que celles dont peuvent se délecter les Provençaux. Par contre, la canicule n'est nulle part plus supportable et, s'il ne souffre guère du froid, le Brestois n'a jamais à se plaindre d'une trop grande chaleur.

Situé par 6° 49' 35" de longitude ouest et par 48° 23' 35" de latitude nord, le port de Brest profite évidemment du voisinage du Gulf-Stream, de ce courant bienfaisant qui assure aux maraîchers de Roscoff le monopole de certaines primeurs et fait pousser les petits pois et les fraises, au pays des Plougastels, dès les premières heures du printemps.

LES HABITANTS

Les Brestois sont essentiellement traditionnalistes. Ce n'est pas sans étonnement, par exemple, que l'étranger nouvellement débarqué entendra, le soir venu, la voix du crieur de nuit rappeler aux gens l'heure tapante. Conservé depuis des siècles, ce fonctionnaire nocturne a survécu malgré les révolutions, le progrès, le gaz, l'électricité et les horloges pneumatiques. Il est certainement l'une des curiosités de la rue brestoise, et il faut aller jusqu'en Espagne pour retrouver son équivalent. Le dos recouvert d'un long manteau couleur de muraille, le bras armé d'une canne à bout ferré, le crieur de nuit ne se borne pas à clamer les heures. Son pas sonore sur le vieux pavé surprend parfois et dérange les cambrioleurs, empêche les mauvais coups ; qu'un incendie éclate, le premier il le voit, le signale. Parfois, l'ivrogne tombé dans le ruisseau, exposé à la congestion mortelle, trouve en lui un sauveur qui le ramène à l'abri chaud. Le passant attardé, aux prises avec les malandrins, lui doit souvent son salut. Et tout cela prouve que les vieilles choses ont du bon. Partout ailleurs, ce noctambule bruyant serait impitoyablement arrêté pour tapage nocturne. A Brest, il reste populaire. Il jouit de l'estime générale. On le conserve comme une relique des temps passés, des siècles à la lampe à huile éclairant vaguement les noirs carrefours.

Une autre preuve, bien évidente aussi, du traditionnalisme brestois, et celle-là saute aux yeux du touriste dès qu'il a franchi les quais de la gare d'arrivée, — ce sont les remparts. Les officiers du génie sont à peu près seuls, même dans l'armée, à soutenir que ces murs ancestraux pourraient servir à quelque chose, le cas échéant d'une invasion ennemie. Sans diminuer rien de la valeur militaire de cette enceinte, il y a bien cent ans que les différentes municipalités auraient pu opérer de larges trouées dans ces masses de terres et de pierres amoncelées, non plus autour, mais en plein dans le milieu de la ville moderne. A titre de curiosité pour l'étranger, et comme les crieurs de nuit, les remparts sont respectés. Ils le seront longtemps encore, dit-on.

A chaque pas, dans la rue, se retrouvent des traces non douteuses du traditionnalisme local, respectueux des vieux us. Si vous sortez de la ville, vous constaterez, aux environs immédiats de Brest, que les paysans n'ont pas seulement conservé de leurs ancêtres ce chapeau breton à larges bords avec boucle d'argent et ruban flottant sur la nuque, mais que dans leurs travaux de labour, dans la façon de conduire et d'atteler les chevaux, de barater le beurre, d'engager les gens de ferme, de payer leurs redevances aux propriétaires, ce sont les mêmes usages aujourd'hui que ceux d'il y a cinq cents ans. Voyez aussi ce petit bonnet blanc que portent les femmes, et dites s'il est rien de moins modern-style, de moins pratique aussi, peut-être...

L'amour de la tradition engendre souvent la crainte du nouveau. C'est ainsi que le caractère brestois est plutôt méfiant à l'endroit des nouveautés. Lorsqu'il s'est agi, en 1900, d'organiser les tramways électriques, les initiateurs ne purent persuader les capitalistes locaux des avantages certains de cette entreprise : deux ou trois guimbardes traversaient alors la ville, de part en part, et leurs entrepreneurs avaient peine à joindre les deux bouts. « Comment voulez-vous, répondirent à leurs solliciteurs les capitalistes brestois, que des tramways électriques gagnent de l'argent là où notre service actuel ne fait pas ses frais ? » Or, il est démontré, depuis, que le service électrique eût été pour la fortune brestoise une très bonne affaire si elle avait su s'en réserver le monopole. Cette crainte des innovations est pour beaucoup dans le retard notoire de Brest sur certaines autres localités de même importance au point de vue industriel.

Dans son livre magnifique et si documenté sur la Bretagne, M. Gustave Geffroy croque de sa plume alerte l'aspect de la rue à Brest. Il écrit ceci :

« Mais le dimanche ! — j'ai passé un dimanche à Brest, un vrai jour de repos et d'ennui ! — le dimanche, tout le monde est dehors, bien habillé, correct, faisant consciencieusement le tour du cours d'Ajot, du Champ-de-Bataille, et surtout l'allée et venue de la rue de Siam, qui est la belle rue de Brest, sa Canebière, mais moins gaie que l'autre, celle de Marseille, avec les stores de ses cafés flottant à la brise. C'est plutôt la rue de Paris, au Havre, que rappellerait la rue de Siam, de Brest. Que dis-je ? C'est toutes les grandes rues de province, toutes les promenades, tous les cours, tous les tours de ville. Ce sont les mêmes familles qui y viennent voir et qui s'y font voir, le père, la mère et les enfants, et les beaux-parents, et ce sont les mêmes célibataires qu'évaluent furtivement les regards soupçonneux des mères et les regards acérés des jeunes filles. »

Ce que M. Gustave Geffroy n'a pas vu à Brest et ce qu'il ne pouvait pas y voir, c'est l'étalage du grand luxe, des équipages pompeux, des toilettes tapageuses, comme au Havre, par exemple. A part deux ou trois familles enrichies à l'époque où l'on faisait encore fortune, la richesse ambiante se borne ici à une aisance respectable, exempte de superflu. Beaucoup de retraités, beaucoup de pensionnés — mais, peu de « richards ».

La population ouvrière n'est pas heureuse, et ceci explique surabondamment les agitations de la rue que nous avons constatées depuis Louis XIV jusqu'à nos jours; la classe pauvre est ravagée par la tuberculose; d'après les médecins, c'est le mal qui fait à Brest le plus de victimes. Le quart des lits d'hôpital est occupé par les tuberculeux. Les dernières statistiques donnent 34 ans comme durée moyenne de la vie à Brest.

La population qui, sous la Révolution, n'atteignait guère que 25.000 âmes, dépasse maintenant 80.000. Le recensement de 1906 accuse les chiffres suivants : Brest-ville, 81.948 habitants ; Lambézellec, 18.973 ; Saint-Pierre, 10.365 ; Saint-Marc, 3.982.

Soit au total, pour Brest et sa banlieue, une population de 115.268 habitants.

Cette population est appelée à s'accroître le jour où Brest, cessant d'être exclusivement port militaire, deviendra grand port de commerce. Les industries se créeront alors et l'arsenal ne sera pas le seul débouché offert au travail humain. Pour le moment, Brest est surtout une ville de fonctionnaires, de militaires et de marins en activité ou en retraite. Vous rencontrerez, à chaque pas, au cours de vos promenades, dans les rues, sur les places publiques, des groupes nombreux de braves gens encore valides qui, depuis longtemps, ont quitté le service et se contentent pour vivre de la retraite modeste que leur ont assurée trente ou quarante ans de présence sous les drapeaux. Ces « rentiers », comme on les appelle ici, connaissent le monde. Ils sont allés un peu partout, quelques-uns ont guerroyé et beaucoup portent au revers de leur veste la croix de la Légion d'honneur. L'éternel sujet de leurs conversations est la comparaison entre la Marine d'autrefois avec ses voiles et ses gabiers, et celle d'aujourd'hui avec ses formidables machines à vapeur et ses cuirasses blindées.

Le retraité est un type de la rue brestoise, reconnaissable au premier coup d'œil. Tout en lui dénote l'ancien marin ; il en a conservé l'allure, les manières, le langage goudronné. Ce fut souvent un héroïque défenseur de la patrie, et il ne faut pas questionner beaucoup d'entre eux pour en trouver plusieurs qui aient à leur actif de très belles actions d'éclat. Bon enfant, bon Français, de caractère jovial, sans souci pour l'avenir, l'ancien coureur des mers prend la vie comme elle vient et prolonge sa vieillesse tranquille au milieu de sa famille, tandis que son fils l'a déjà remplacé à bord de quelque vaisseau de guerre. Sa distraction préférée est le jeu de boules et aussi le jeu de quilles. Tout autour des fortifications, sous les grands arbres, des « allées » bien unies, à la terre bien aplanie, de petites cabanes-débits où l'on vend l'apéritif vert, jaune ou rouge, attirent une clientèle nombreuse et fidèle d'amateurs. Durant la journée entière se jouent d'interminables parties et le retraité n'a point d'autre passion... Pourtant, le loto n'est pas pour lui sans charmes. Le dimanche on voit soudain se dresser, sur certaines places, des tentes de forme conique. A l'intérieur, des tables, des bancs. Les joueurs de loto se réunissent là et, durant l'après-midi entière, on entend la voix de l'annonceur de numéros, les clameurs du gagnant, les jurons des perdants.

La boule, les quilles, le loto — ce sont là distractions bien innocentes. On pourrait dire d'elles qu'elles sont la joie des vieux parents et la tranquillité des enfants, car elles ne coûtent pas cher au budget familial et ne risquent point de porter préjudice au bien-être de la maisonnée.

MŒURS & COUTUMES

Cambry, qui écrivait en 1794 et 1795, trace le tableau que voici de la société de Brest il y a cent ans :

Mme l'intendante avait une cour assidue ; sa place, sa fortune et son existence à Paris lui donnaient forcément une prépondérance qu'on supportait avec impatience. Vieille et laide, on la tolérait. Etait-elle jolie ? Que d'humiliations, que de calomnies, que de scènes ! Chaque femme à Brest avait vingt ou trente hommes faits et cinq ou six gardes marines à sa disposition...

Excusez du peu !...

... Toutes ces meutes étaient lâchées contre Mme l'intendante. Elle était poursuivie, huée, déshonorée, et finissait par n'avoir auprès d'elle que des ex-voto de capitaines réformés, qui faisaient sa partie et mangeaient son souper.

La femme d'un commissaire de la Marine n'était pas vue par les femmes du grand corps ; elle était obligée de se choisir un cercle parmi les officiers de port, quelques lieutenants d'infanterie, pauvres et délaissés : elle accaparait aussi parfois quelques vieux capitaines de vaisseau pour son whist et pour le souper, comme Mme l'intendante.

Les ingénieurs et les commissaires de la Marine rivalisaient, se disputaient la supériorité des grades subalternes ; les femmes entraient fortement dans la querelle. Les uns faisaient valoir l'importance de la comptabilité ; les autres, leurs talents, leurs études et les prétentions du génie.

Les négociants, marchands, bourgeois, étaient sans cesse en garde et sur la défensive. Des espiègleries de tout genre, des nozardes, des rebuffades chez eux, dans leurs comptoirs, à leurs boutiques, au spectacle, étaient les passe-temps d'une jeunesse indisciplinée, sans règle, sans mesure, qui s'attachait à les persécuter...

Les querelles du « grand corps », c'est-à-dire des officiers de vaisseau avec les officiers du commissariat ou des autres administrations maritimes, — les brimades infligées aux bourgeois par les marins et les militaires, tout cela n'existe plus guère qu'à l'état de légende. Les mœurs décrites par l'auteur du *Voyage dans le Finistère*

" Triple-Sec " SIMOTTEL

ont été changées par le temps et les révolutions. Beaucoup d'officiers du « grand corps » sont fils de leurs œuvres ; l'aristocratie d'ancien blason ne fournit à nos états-majors qu'un tribut très restreint. De sorte qu'il n'y a plus de ces querelles dont parle Cambry ; la fusion des divers éléments maritimes sera bientôt un fait accompli.

Brest, donc, ne donnera plus jamais le spectacle qui scandalisa notre auteur ; mais n'en induisons point que la ville n'ait pas, au point de vue mœurs, coutumes, usages, son cachet particulier. Brest n'est pas une ville comme les autres ! disent tout de suite les nouveaux venus. Dès l'arrivée, ils sont frappés de l'aspect spécial et quelque peu revêche de la vieille cité de Bristockus. S'il pénètre dans un intérieur brestois, l'étranger ne tarde pas à constater l'hospitalité large, sincère et cordiale. Très amoureux du chez soi, l'habitant se répand peu au dehors ; il adore la vie de famille. Le marin, quand il a quitté son bord, chérit le coin du feu, les pantoufles, la douce intimité du home tranquille, loin des tempêtes du large ; et, s'il est généralement bon mari, il est toujours aussi bon frère, bon fils, bon père. Ne cherchez pas les cafés bruyants et bondés de consommateurs, ni les music-halls, ni les « bastringues » dont le Havre, par exemple, est si abondamment pourvu. Le Brestois se lève tôt et se couche tôt. Il n'est pas noctambule. A dix heures du soir, durant la plus grande partie de l'année, les passants deviennent rares, les rues sont désertes, et n'était le chant de quelque matelot attardé, n'était la clameur sonore du crieur de nuit, le plus parfait silence régnerait sous les becs de gaz, allumés cependant pour éclairer la marche des chats de gouttière et des rats d'égout, les ébats des chiens égarés et les patrouilles de chiffonniers. L'été, naturellement, la soirée se prolonge un peu plus : la musique militaire joue quatre fois par semaine sur le Champ-de-Bataille ; on la vient entendre des quartiers les plus excentriques. C'est le rendez-vous préféré des promeneurs. Mais le dernier morceau est à peine terminé que déjà le mail se vide ; chacun rentre au logis.

" Triple-Sec " SIMOTTEL

— Il est onze heures sonnées ! crie le veilleur de nuit. Et bientôt la ville dort.

Comme coutumes spéciales et usages d'antan, nous signalerons le « pardon ». C'était autrefois une fête religieuse et profane. Aujourd'hui, c'est simplement une réunion de quartier, avec tirs à la carabine, chevaux de bois et mâts de cocagne. Des cérémonies religieuses qui accompagnaient jadis la réjouissance profane, le nom seul est resté. On dit, à Brest, le « pardon » de telle ou telle rue, de telle ou telle place, comme on dit à Lille la « ducasse », ou à La Rochelle la « frairie ». Quelques crêpes faites en plein vent par la pâtissière foraine, en coiffe bretonne, parfument l'air ambiant, et le son d'un biniou rappelle seul à l'étranger qu'il foule le sol de la vieille Armorique, car les danses de plein vent auxquelles il assiste ressemblent trop aux exercices chorégraphiques de tous les pays pour lui procurer une sensation inédite. Parfois aussi, au coin de la place, un chanteur du cru dit des complaintes bretonnes, légendes naïves et mystérieuses où se retrouvent la haine du mal et l'amour du bien, où la vertu est souvent récompensée et le crime cruellement châtié ! Le jour du « pardon » est une occasion de ripailles dans les maisons d'alentour. Le soir, des lanternes vénitiennes décorent la devanture des principaux cabarets, préalablement ornée de feuillages tendres... Et c'est toute la fête !

Les croyances religieuses sont encore très vivaces parmi la population ; les pratiques sont fidèlement observées par l'immense majorité des habitants, du moins en ce qui concerne les événements importants de la vie, comme les baptêmes, les mariages, la première communion, les enterrements. Il n'y a pour ainsi dire point de convoi funèbre sans prêtre, et les mariages qui ne passent pas par l'église sont excessivement rares. Le culte des morts se manifeste par l'entretien très soigné des cimetières, qui sont ici de véritables jardins, admirablement entretenus. Les tombes sont visitées presque chaque jour par les parents des défunts : les fleurs, les plantes, fréquemment renouvelées par des mains pieuses, donnent à la pauvre demeure des disparus un aspect moins triste : le souvenir affectueux marque sur la pierre froide la chaleur de son empreinte : ces roses, ces camélias pris au jardin familial et transportés sur la tombe du défunt sont comme la pensée et le regret renaissant chaque matin sous les formes les plus fraîches et les plus gracieuses en une sorte de dédain moral de la mort qui ne sépare jamais ni les âmes, ni les cœurs.

RUES, PLACES & PROMENADES

En sortant de la gare de Brest, située en un point d'où l'on découvre admirablement la rade et ses vaisseaux, de même que les contours rocheux des côtes de Plougastel, du Fret et de la Pointe Espagnole, le voyageur effectue son entrée à Brest le plus souvent par la porte Foy.

Il faut passer deux ponts-levis, traverser un long couloir de fortifications avant de pénétrer dans la cité, ou plutôt dans la partie intra-muros, car la ville est nettement sectionnée en deux portions : l'une extérieure, bâtie en dehors des murs d'enceinte et qui s'appelle l'Annexion ; l'autre, enfermée dans un cercle de pierre élevé par Vauban pour arrêter la marche de l'envahisseur.

Une seule trouée véritablement heureuse fut pratiquée, en 1889, dans ces remparts, et ce ne fut pas sans difficulté : c'est celle de la porte de Landerneau, par laquelle l'omnibus venant de la gare peut également passer pour gagner les hôtels de l'intra-muros. C'est l'entrée principale de la ville, par où l'on pénètre dans la rue de Siam.

Les deux clichés que nous donnons ci-après, l'un représentant la porte avant la percée, l'autre montrant l'aspect actuel, mettent en évidence l'utilité de cet éventrement, qui fut laborieux et demanda deux années de travaux.

Il est facile de se rendre compte des difficultés qui entravaient la circulation quand il fallait passer sous l'ancienne porte, traverser le pont-levis, puis l'étroit tunnel muni de hauts et lourds portails. Sauf sur ce point,

La Porte de Landerneau avant sa démolition, en 1889

la fortification est restée à peu près intacte à toutes les autres issues de la ville. Aujourd'hui, l'avancée de Landerneau a été transformée. Un square frais et gracieux a été planté entre les portes dites de Saint-Louis et de Landerneau. Dans ce square se trouve le monument élevé aux soldats et marins bretons morts pour la Patrie. Le groupe en bronze, dû au sculpteur Auguste Maillard, fut coulé par le fondeur Perzinka, de Versailles. Acquis par une souscription publique due à l'initiative de la Société la *Flotte* et à celle surtout de son brave et vénérable président, M. Sénard, il fut inauguré par le général André, alors Ministre de la Guerre, le 1er novembre 1900. Le comité d'honneur, formé le 28 avril 1898, avait été placé sous la présidence d'honneur de M. Delobeau, sénateur, maire de Brest. La Marine avait fourni la matière première.

La Porte de Landerneau actuelle, entrée de la rue de Siam *(cliché Villard)*

LA RUE DE SIAM

Après avoir franchi la grille en fer forgé qui a remplacé le *guichet* d'autrefois, nous voici dans la rue de Siam, principale artère de la ville. Son nom primitif était rue Saint-Pierre ; à dater de 1686, après la venue des ambassadeurs de Siam, elle s'appela indistinctement rue Saint-Pierre ou rue de Siam, fut, par arrêté du 5 Messidor an 11, transformée en rue de la Loi, et n'est officiellement et uniquement rue de Siam que depuis le

5 novembre 1811. La maison vue sur le cliché ci-dessus, et formant le fond de la place dite des Portes, entre les deux corps de garde et séparant l'entrée de la Grand'Rue de celle de la rue de Siam, fut l'une de celles occupées par le tribunal révolutionnaire sous la Terreur. Puis, immédiatement sur la gauche, autre immeuble historique : remarquez au-dessus du porche de la maison portant actuellement le numéro 6, l'inscription *Roulage*, presque entièrement effacée. C'est de là que partaient autrefois les diligences de l'entreprise Mazurié ; c'est là que les voyageurs pour Paris prenaient la patache aux chevaux robustes... La cour intérieure de l'immeuble, ses abords, et les auberges d'alentour, présentaient alors une animation considérable. A l'angle de la rue Saint-Yves et de la rue Colbert, derrière les Messageries, le vieil hôtel de la *Tour d'Argent,* aujourd'hui démoli et remplacé par l'élégant bâtiment de l'Auto-Garage, offrait aux grands seigneurs, aux riches châtelains des environs venus à Brest pour prendre la diligence, à la poste aux chevaux, bon gîte et bonne cuisine en attendant l'heure du départ. Il n'y avait pas toujours place pour tous les gens désireux de partir ; il fallait parfois attendre vingt-quatre ou quarante-huit heures, suivant le cas !

La rue de Siam est depuis la construction du pont National le centre des affaires brestoises. Trop étroite, malheureusement, pour une circulation intense et ininterrompue, elle est, en outre, occupée dans toute sa longueur et dans la moitié de sa largeur par la ligne du tramway électrique. Son trottoir et son pavé n'en sont pas moins très fréquentés par les flâneurs et les promeneurs de toutes catégories ; des magasins, aux étalages soignés, brillamment illuminés le soir, en font le principal boulevard de la vie locale.

La Préfecture maritime, ancien hôtel Saint-Pierré, acquis le 10 août 1752 des héritiers du marquis de Crèvecœur, s'élève sur cette voie, en face d'un escalier célèbre connu sous le nom d'escalier du Commandant

parce que le Commandant de la Marine habite en face, et qui fut reconstruit en 1767 par le maire Raby. Cet escalier menait alors à la rue du Bras d'or, aujourd'hui rue Suffren. On peut gagner également, par le même escalier, la Grand'Rue, qui mène directement (prenez à gauche) à la porte Tourville de l'arsenal.

La Préfecture maritime n'a rien de particulièrement architectural. Si sa porte cochère n'était pas décorée de belles majuscules dorées annonçant au passant que le chef du deuxième arrondissement maritime réside en ce lieu et si le mathurin qui monte mélancoliquement la garde devant le vieil hôtel Saint-Pierre était supprimé, nul ne s'aviserait de s'arrêter pour contempler ces murs blanchis à la chaux et cette cour d'honneur où l'herbe pousse en touffes libres et fières. De temps en temps, une ou deux fois l'an, l'austère demeure s'anime et s'illumine. Le préfet donne le bal attendu avec une impatience fébrile par la société brestoise. Puis, tout retombe dans le silence morne, implacable. Saluons cet asile du travail, de la paix et du recueillement.

La rue de Siam est surtout remarquable par un mouvement continuel qui rappelle celui des voies les plus fréquentées des très grandes villes. L'animation y est constante, et cela s'explique parce que le flot humain qui court sans cesse des hauteurs de l'Annexion vers celles de Recouvrance est toujours amené au même point et se canalise naturellement devant ce pont National, jeté sur la Penfeld et reliant entre elles les deux parties de la ville. Des projets d'élargissement depuis longtemps établis ne pourront être exécutés que très lentement, et l'étroitesse de cette artère principale en rendra longtemps encore la fréquentation difficile à la foule des promeneurs. Depuis le lever du jour, à l'heure matinale où claquent sur le pavé sonore les sabots des ouvriers se rendant à l'arsenal, jusqu'à neuf ou dix heures du soir, la circulation demeure intensive et bruyante.

LE PONT NATIONAL

A l'extrémité ouest de la rue de Siam, se trouve le pont National, une des curiosités de Brest. Avant la mise en service de ce remarquable ouvrage d'art, c'est-à-dire avant le 23 juin 1861, époque de l'inauguration, les communications entre Recouvrance et Brest étaient assurées au moyen d'un service de bateaux. Les travaux furent commencés en 1859, sur les plans des ingénieurs Cadiat et Oudry, par M. Schneider, propriétaire des établissements métallurgiques du Creusot. Il porta, au début, le nom de pont Impérial ; la République ayant remplacé l'Empire, le pont devint National. Voici la description très complète que M. Levot en donne dans le Bulletin de la Société académique de Brest, années 1861-1862.

Il se compose de deux volées tournantes se réunissant au milieu du bassin et ayant leurs axes de rotation établis sur les sommets de deux tours ou piles de maçonnerie construites sur les terrains des quais. A l'arrière des piles et par dessus les rues des quais, ces volées se prolongent par deux culasses destinées à les équilibrer sur leurs centres de rotation. Ces parties d'arrière viennent s'appuyer contre les faces antérieures des deux culées voûtées en arcades, et sur lesquelles sont établis les abords du pont.

La portée de ce pont excède de beaucoup celle de tous les ponts tournants jusqu'à ce jour ; elle est de 117 m 05 du centre d'une pile à celui de l'autre. Les travées latérales formées par les culasses ont chacune 28 m 60 de longueur. La longueur totale du pont entre les deux volées est de 105 m 70, et celle de chacune des volées, conséquemment, de 52 m 85.

Le tablier du pont, exécuté en bois, est supporté par des poutrelles transversales en tôle qui se relient elles-mêmes à deux poutres du même métal, composées, suivant le système américain, de deux membres longitudinaux, reliés, entrecroisés et contreventés par des systèmes de renforts verticaux et horizontaux, de manière à assurer à l'ensemble une rigidité absolue.

Les deux volées sont reliées entre elles par deux forts verroux en fer forgé qui en assurent jusqu'à un certain point la solidarité sans que cependant on puisse les considérer comme transmettant d'une manière efficace de l'une à l'autre les efforts qu'elles supportent. Les résistances de chacune d'elles ont, du reste, été calculées de façon à leur assurer une solidité indépendante des réactions de leur point de contact.

Le poids de chaque volée atteint l'énorme chiffre de 750.000 kilo-

Le pont National ouvert pour laisser passer un cuirassé (cliché Villard)

grammes ; c'est ce poids que fait mouvoir la manœuvre de rotation du pont. Cette manœuvre s'exécute à l'aide d'un cabestan placé sur le tablier qui agit sur l'assiette de la rotation au moyen d'une transmission ordinaire de mouvements d'engrenages. Quatre hommes suffisent à cette manœuvre, et le temps nécessaire pour l'ouverture complète du pont et sa fermeture est d'environ vingt minutes. La rotation se fait sur une couronne de rouleaux ou galets en fonte placés sur le sommet des piles ; chacune de ces couronnes se compose de cinquante galets.

La hauteur du tablier du pont au-dessus du niveau des hautes mers des vives eaux moyennes est de 21 ^{m} 70 en son milieu ; la hauteur libre sous les poutres, au même point, est de 20 ^{m} 30.

Telle est cette audacieuse construction, dont la solidité a été préalablement éprouvée par une charge de 300.000 kilogrammes de fonte, placée, à dessein, d'une manière inégale, afin de rendre l'épreuve plus efficace. Ce fut un beau jour que celui où ce monument fut inauguré. C'était le dimanche 23 juin 1861. Après que M. Mercier, curé de l'église paroissiale de Saint-Louis, eut appelé sur le pont Impérial les bénédictions de Dieu et profondément impressionné les assistants par le noble et chaleureux discours qu'il prononça, des cantiques d'actions de grâces s'élevèrent vers le ciel. Le ministre de la religion avait accompli son devoir ; le Préfet du Finistère remplit le sien en rapportant à l'Empereur l'expression de la gratitude que lui a vouée la population brestoise. Il avait à peine cessé de parler que le pont était envahi par une foule impatiente et incertaine de ce qu'elle devait le plus admirer, ou du pont lui-même ou du spectacle imposant qui s'offrait à ses regards. Au nord, le port militaire avec ses navires pavoisés, ses édifices étagés sur une ligne se perdant à l'horizon, ses vastes ateliers ; au sud, le vaste bassin qui forme la rade ; à l'ouest et à l'est, les deux côtés de la ville groupés en amphithéâtre sur les collines que traversent ses rues, remplies, ce jour-là, de milliers de spectateurs accourus de loin pour être témoins d'une fête dont ils devaient emporter un souvenir ineffaçable.

Un stationnement prolongé sur le pont peut, à la rigueur, dispenser les personnes âgées ou fatiguées d'une visite pédestre, souvent pénible et dure, surtout durant les chaleurs, à travers les longues avenues de l'arsenal. Le panorama du port de guerre se déroule ici dans son entier, et si le hasard vous conduit en cet endroit au moment où quelque gros vaisseau de guerre sort de la Penfeld pour gagner son mouillage en rade, vous aurez assisté, du même coup, à l'une des opérations les plus intéressantes qui soient pour l'amateur de spectacles maritimes. Les heures d'ouverture du pont sont généralement annoncées par la *Dépêche de Brest*, qui en reçoit communication officielle de la part de la direction des Mouvements du port.

De ce pont, on aperçoit l'ensemble du Château, dont les murailles grises surplombent les parcs à charbon de la Marine.

Les quais, les embarcadères, le pont Gueydon qui se trouve au-dessous du pont National offrent, du reste, une intensité de vie très curieuse. A chaque instant, vedettes à vapeur de l'escadre, canots des navires de guerre, bertons et yoles, accostent, mettant à terre officiers et matelots. Le dimanche surtout, dans l'après-midi, à l'heure de la rentrée des permissionnaires, le tableau est d'une couleur particulièrement suggestive. De longues embarcations blanches s'emplissent de « cols bleus » accourus en hâte pour ne pas manquer l'appel, tandis que, là-haut, les parents et amis esquissent des signaux d'adieu. Les mouchoirs s'agitent : « Au revoir, Mathurin ! » Et Jean-Marin regagne, mélancolique, son bord jusqu'à la prochaine permission.

Le pont National ne sert pas seulement d'observatoire. Comme la guérite légendaire, au toit de laquelle les factionnaires avaient la fâcheuse habitude de se pendre, le pont est l'un des endroits préférés des désespérés brestois désireux d'en finir avec la vie. Le saut est tentant. Pensez donc : vingt mètres de hauteur et l'eau en bas... Plongeon digne des virtuoses du suicide ! Le cadre est impressionnant, l'aventure prodigieusement sensationnelle. Et ce qu'il y a de plus curieux, de plus stupéfiant, c'est que, bien des fois, cette voltige de vingt mètres à travers l'espace, suivie d'un bain glacé, ne suffit pas à donner la mort à celui qui est venu la chercher en ce lieu. La presse locale a maintes fois enregistré des tentatives vaines : tantôt, c'est un ivrogne qui, passant volontairement ou involontairement au-dessus du garde-fou, tombe à l'eau, nage et se retire sans une égratignure, sans un rhume, puis rentre dans la vie avec la volonté ferme de ne plus essayer d'en sortir ; tantôt, c'est une jeune femme, affolée par quelque

CARTE DU FINISTÈRE (Éditée par « L'Union Agricole et Maritime », de Quimperlé)

GRAND BAZAR

54, 56, 58, Rue de Siam

BREST

Le plus vaste de Bretagne

ON Y TROUVE DE TOUT

Entrée libre

chagrin d'amour qui, désireuse d'aller conter ses peines aux poissons, exécute la pirouette fantastique : retenue par ses jupes au-dessus de l'onde amère (oh combien !), elle crie au secours et se fait repêcher par un sauveteur galant et empressé. Les choses ne se passent pas aussi joyeusement quand le désespéré ou la désespérée, ayant mal calculé les distances, vient tomber sur la pierre : alors, c'est l'écrabouillement complet.

Ajoutons que le pont de 1861 ne suffit plus aux besoins actuels, depuis surtout qu'il est traversé par les tramways électriques. Il est question, depuis longtemps déjà, de le reconstruire, ou plutôt d'en lancer un autre, plus près de la mer et qui permettrait de relier entre elles les deux parties extrêmes du lit de la Penfeld. Mais, comme ce n'est pas pour demain, nous continuerons notre promenade à travers la ville sans nous arrêter aux considérations qui militent en faveur de ce projet d'avenir.

LE COURS DAJOT

A l'extrémité ouest de la rue de Siam, en prenant sur la gauche par le boulevard Thiers, on parvient à la place du Château, ornée de squares et d'allées en bordure de l'antique forteresse. La statue d'Armand Rousseau, ancien député de Brest et ancien gouverneur de l'Indo-Chine, s'élève sur cette place, non loin des portes du Château. L'inauguration de cette statue eut lieu le 26 juillet 1903, en présence de M. Maruéjouls, ministre des Travaux publics.

Ce coin de Brest emprunte au voisinage immédiat du Château un décor tout spécialement intéressant ; en longeant le mur le plus rapproché des douves, on suit les détails de l'architecture extérieure du monument, dans lequel nous pénétrerons tout à l'heure avec une notice complète.

Nous voici, du reste, sur le cours d'Ajot ou Dajot, promenade favorite des Brestois. C'est bien, en effet, le « mail » local, avec une vue splendide sur la rade et sur le Goulet, avec la brise du large, puis les aspects mouvementés d'un horizon très étendu, très varié, brumeux ou ensoleillé, bleu ou gris, bornant la mer au loin dans l'Iroise. Le plan de cette promenade vraiment superbe fut conçu, en 1769, par l'ingénieur d'Ajot, directeur des fortifications, et présenté au maire, M. Lunven de Kerbisodec ; trois mille livres furent votées immédiatement pour commencer les travaux. C'était, à ce moment, un terrain non aplani, où l'on voyait des carrières, des jardins, des champs de culture. Les soldats de la garnison furent employés aux terrassements, que l'on couvrait bientôt de près de cinq cents arbres. Les travaux allèrent

Le Château et le cours Dajot en 1790

leur train normal jusqu'en 1775, époque à laquelle ils furent interrompus pour être terminés seulement l'an IX de la République. Sous la Terreur, le cours fut débaptisé et reçut un nom de circonstance. Il devint cours de la Réunion, tandis que la place du Château fut transformée en place du Triomphe du Peuple. La guillotine y trouva asile et fonctionna régulièrement en ce lieu.

« Antérieurement à cette époque, écrit un « vieux Brestois », c'est sur cette esplanade que se célébraient toutes les belles fêtes publiques qui signalèrent les premiers temps de notre régénération. Le 14 Juillet 1790, premier anniversaire de la prise de la Bastille, on y célébra l'installation de la municipalité de Brest, nommée en vertu de la loi du 14 Décembre 1789. C'est là, sur un autel élevé par les soins de M. Trouille, que M. Malmanche, premier maire élu par les Assemblées primaires, fut reconnu, après la célébration du service divin par M. le curé de Saint-Louis, comme premier magistrat de la ville, au milieu de l'enthousiasme de la garde nationale, des troupes de la garnison et d'une immense affluence de peuple. » Le cliché reproduit ci-contre donne une physionomie assez exacte de ces solennités de plein vent dont furent toujours friands les idéologues de la Révolution.

Quant aux deux statues qui ornent chaque bout du cours, elles furent installées en 1801, grâce à l'initiative du maire Pouliquen. Elles furent envoyées par le citoyen Chaptal, ministre de l'Intérieur, à la municipalité brestoise avec la notice que voici : « L'une de ces statues est un fleuve assis sur un cheval marin, et l'autre une rivière qui féconde la terre et provoque la végétation, exprimée par l'Amour enfant, tenant une corne d'abondance arrosée des eaux qui coulent d'un vase sur lequel cette figure est appuyée. »

Aujourd'hui, ces deux marbres sont plutôt avariés par les intempéries ; en regardant de près, vous constaterez que certaines parties essentielles des sujets allégoriques semblent rongées par l'âpre brise marine. La grille qui les entoure ne les protégea pas plus des injures du temps que de celles des gavroches insoucieux de leur vénérabilité. Le nez de l'allégorie qui représente la rivière a été rapporté, et les doigts primitifs de l'Amour enfant viennent d'être remplacés par des doigts tout neufs qui paraissent en « toc ».

Les arbres du cours sont, pour la plupart, centenaires.
Ils ont couvert de leurs ombres des épisodes importants
de l'histoire locale. Maintenant, ils abritent, le soir
venu, les mystérieux rendez-vous des amoureux, et, le
jour, toute une gracieuse armée de bébés et de nourrices.
C'est le paradis des petits Brestois et des petites Brestoises.

Le cours Dajot *(cliché Villard)*

Durant l'été, on y entend la musique militaire tous les dimanches. Les revues militaires se passent également ici. Du haut du rempart, enfin, on assiste aux scènes maritimes les plus variées.

Quand la tempête souffle du large, elle pousse directement du goulet ses rudes rafales et les grands ormes, pliés, courbés sous l'effort des éléments déchaînés, font entendre en de tragiques craquements ces plaintes des arbres qui, semblables à des voix angoissées, donnent au poète des frissons de terreur. Le cours, avec ses six cents mètres de longueur, offre une piste excellente pour les gens qui, n'ayant point le loisir de se rendre à la campagne, sentent le besoin de marcher longuement. Il a ses habitués qui, chaque jour, à des heures déterminées, l'arpentent consciencieusement de bout en bout. Les bicyclettes peuvent y circuler jusqu'à huit heures du matin en été et dix heures en hiver, après quoi défense est faite de pédaler sur la promenade.

A l'extrémité Est du cours Dajot s'amorce, sur la gauche, la rue de la Rampe, au coin d'une vieille poudrière installée à deux pas des habitations et dont le contenu ne menace, paraît-il, en aucune façon la sécurité des voisins.

Si nous suivons la rue de la Rampe, après avoir laissé à droite et à gauche la rue Voltaire où sont le grand lycée de garçons et le palais de justice, deux édifices sans intérêt au point de vue architectural, nous arrivons en quelques minutes au Champ de Bataille.

CHAMP DE BATAILLE

Ce qui frappe en tout premier lieu le regard lorsqu'on arrive sur le Champ de Bataille, c'est le kiosque planté en son beau milieu et destiné aux concerts militaires. Le caractère particulier de l'endroit est immédiatement marqué par cet édicule artistique : la musique s'y fait entendre plusieurs fois par semaine — ce n'est plus un champ de bataille, c'est un champ d'harmonie... Les habitants du quartier jouissent d'auditions fréquentes, et, les soirs d'été, quand c'est le tour de l'excellente musique des équipages de la Flotte, dirigée par le maëstro Farigoul, le régal est de tout premier choix.

Le Champ de Bataille partage, d'ailleurs, avec le cours Dajot la faveur du public brestois. Bien abrité dans un carré de hautes murailles, il est plus propice aux courtes sorties de l'hiver.

Comme le cours Dajot, le Champ de Bataille est le refuge des bébés et des bonnes d'enfants. A certaines heures du jour, quand le soleil brille et chauffe, tout un petit peuple d'enfants s'y livre aux jeux du saut de la corde et du cerceau. Les vieillards affectionnent aussi cette place où, tout à l'aise, on peut faire les « cent pas » sans redouter les voitures ni les bousculades de la rue. A noter que la traversée du Champ de Bataille est interdite de la façon la plus formelle et en tout temps aux bicyclettes, aux chevaux et voitures.

Le Champ de Bataille est à Brest ce que sont au Mans la place Chanzy, à Limoges la place Jourdan, au Havre la place de l'Hôtel de Ville, c'est-à-dire le cœur même

Le Champ de Bataille *(cliché Villard)*

de la cité. Il forme un rectangle à peu près parfait : sur le côté longé par la rue du Château se trouve la Bourse du Commerce, qui était autrefois chapelle d'une communauté, la Bourse du Travail, fondée en 1904 par la municipalité socialiste, le bureau central des Postes et Télégraphes ; sur le côté longé par la rue d'Aiguillon, des magasins, des cafés, des restaurants ; puis, en bordure sur la rue Saint-Yves, le Grand Théâtre, près duquel s'étendent les jardins de la Préfecture maritime ; enfin, le long de la rue de la Rampe, l'hôtel du journal la *Dépêche de Brest* et de son imprimerie commerciale. Cet hôtel fut construit en 1902 sur les plans de l'architecte A. Raoulx.

Notons que la partie du Champ de Bataille où se trouvent actuellement en façade la Bourse du Commerce et la Bourse du Travail a conservé le nom de Petit Couvent : ce nom provient de l'ancienne communauté de l'Union chrétienne qui occupa, depuis 1674 jusqu'à la Révolution, les bâtiments formant l'îlot sur lequel sont aujourd'hui le Lycée, le Cercle militaire, les deux Bourses et quelques immeubles particuliers.

Une double rangée d'arbres assez bien entretenus met, au printemps, de la verdure et de la fraîcheur au milieu de ce quadrilatère de murailles dépourvu de perspective.

Le Champ de Bataille fut créé vers la fin du xviiᵉ siècle ; avant cette époque, c'était une solitude, avec des champs de blé, des prairies, des jardins. Son tracé est dû à Vauban et ses premières habitantes furent les dames de l'Union chrétienne du Sacré-Cœur ; ces religieuses vinrent s'établir au Petit Couvent, local qui a conservé son nom, mais qui est maintenant transformé en Bourse du Travail. Au début, il y eut là une « allée des soupirs », très fréquentée par les amateurs d'intrigues galantes. Savez-vous d'où proviennent les balustrades en fer qui entourent la place ? Leur origine est assez lointaine et curieuse : en 1801, la municipalité Pouliquen ayant fait abattre des arbres dont la hauteur gênait les riverains, donna le bois à la Marine et, en échange de ce bois, la Marine donna le fer.

A plusieurs reprises, il fut question d'ériger des statues sur cette esplanade, mais ces projets ne furent jamais mis à exécution. Aux premiers jours de la Révolution, le Champ de Bataille devint comme le forum des patriotes, qui s'y réunissaient fréquemment. On éleva sur ce point le fameux autel de la Patrie, en carton peint, qui causa la mort de l'infortuné Patrice, officier du régiment de Poitou. A ce moment, c'était le Champ de la Fédération. Le 14 Juillet 1792, un arbre de la Liberté fut planté. Laissons maintenant la plume à un chroniqueur local, qui signait autrefois « un vieux Brestois » :

La place ou Champ de la Fédération se trouvait donc libre ; on décida qu'on mettrait l'arbre de la Liberté au centre de son esplanade. Une fête somptueuse, comme on en faisait alors, eut lieu pour son inauguration. C'était un jeune chêne, aux branches nombreuses et touffues, qui fut donné par un généreux patriote à la municipalité de Brest. Il provenait de la montagne qui s'élève au-dessus de la préfecture, à Quimper. Le Champ de Bataille changea encore de nom et fut aussitôt appelé place de la Liberté. Ensuite, ce fut généralement au pied de cet arbre que se célébrèrent les fêtes publiques.

La première fête qui eut lieu sur cette place, après la plantation de l'arbre de la Liberté, fut celle de la proclamation de la République et de l'abolition de la Royauté. Elle fut célébrée le 14 octobre 1792.

Ce jour, une montagne, formée de tous les attributs mutilés de la Royauté, arrachés aux navires de la flotte et aux divers établissements du port, fut élevée sur la place de la Liberté. Les autorités civiles et militaires vinrent solennellement y mettre le feu, aux cris mille fois répétés de : *Vive la République !* au bruit de la mousqueterie et des canons des batteries de la rade. Ensuite, le maire, M. Berthomme, proclama l'abolition de la Royauté et l'avènement de la République. Cette proclamation fut répétée sur les neuf places publiques de Brest et de Recouvrance et dans l'Arsenal. Le même jour, les navires changèrent de noms : le *Royal-Louis* fut baptisé du nom de *Républicain*, etc., etc.

Peu après, l'autel de la Patrie fut relevé au pied de l'arbre de la Liberté, mais dans des proportions beaucoup plus importantes, beaucoup plus grandioses. On l'entoura de gazon, d'arbres, etc. Mille livres furent payées, le 11 septembre 1793, au citoyen Sartory pour tous ces travaux.

La plantation de l'arbre de la Liberté fut suivie, deux ans plus tard, d'une autre cérémonie tout aussi théâtrale : la fête de l'Etre suprême, décrétée par la Convention nationale, eut lieu, à Brest, le 8 juin 1794. Ecoutons encore le « vieux Brestois » :

Dès le matin de ce jour, les autorités civiles, ayant en tête le maire, M. Berthomme, se rendirent chez le représentant, à l'hôtel Saint-Pierre, où toutes les autorités devaient se réunir. On se dirigea d'abord sur le cours de la Réunion (cours Dajot). Là, du haut d'un vaste amphithéâtre, sur lequel était élevée une statue colossale de la France, l'agent national de la commune prononça un discours ; puis on se rendit sur la place de la Liberté, en faisant le tour de la ville.

Les autorités marchaient sur deux files. Au milieu se voyait une charrue traînée par deux bœufs magnifiques. Sur la charrue s'élevait un jeune chêne surmonté du bonnet de la Liberté ; quatre jeunes filles représentant les Saisons marchaient à côté ; puis, venaient ensuite : une mère féconde entourée de ses dix enfants, tenant au sein le dernier qu'elle allaitait ; deux vieillards de 97 ans ; cinquante jeunes garçons et filles, habillés par la nation ; un couple destiné à s'unir par un mariage civique, et nos frères les Américains avec leur drapeau. La Liberté et l'Egalité, représentées par deux belles jeunes femmes, montées sur un char antique, traîné par deux taureaux, venaient après ; enfin deux vieillards, portant des cassolettes où fumait de l'encens, et une foule de petites filles vêtues de blanc, précédaient le représentant du peuple, en grand costume, accompagné de l'agent national de la commune et de celui du district, marchant entre les bustes de Marat, Challier, Brutus et Lepelletier. On arriva dans cet ordre sur la place de la Liberté, où devaient se passer les épisodes les plus intéressants de la fête.

L'arbre de la Liberté, parfaitement décoré, sortait d'une haute montagne ; quatre obélisques fondés sur le roc s'élevaient à l'entour. On lisait sur leurs bases les noms des vertus républicaines. Sur un étendard déployé on voyait écrits les deux vers suivants :

Celui qui met un frein à la fureur des flots
Sait aussi des méchants arrêter les complots.

A son arrivée sur la place, tout le cortège environna la montagne, sur laquelle des chœurs de chanteurs et de chanteuses se groupèrent au milieu des rochers. Le représentant debout au sommet, placé entre la Liberté et l'Egalité, ouvrit la fête en prononçant avec l'éloquence « simple et rapide du sentiment » un discours qui fut accueilli par les cris répétés de : *Vive la République ! Vive la Montagne !* Aussitôt après, au milieu de nuages d'encens, les pères mêlés à leurs fils chantèrent des strophes, dans lesquelles ils juraient de ne déposer les armes qu'après avoir anéanti les ennemis de la République. Des mères et leurs filles, groupées sur l'autre côté de la montagne, leur répondaient en jurant de ne s'unir jamais qu'avec ceux qui auraient défendu la patrie avec courage. Au milieu de l'enthousiasme général, un citoyen présenta au peuple un vieillard de 97 ans, qu'il adopta pour son père, aux applaudissements universels. Le représentant, attendri, enleva dans ses bras ce généreux patriote pour le montrer au peuple, et lui donna l'accolade fraternelle. Deux enfants nouveau-nés furent portés sur la montagne pour y être nommés ; un mariage civique fut aussi célébré par l'officier public, en présence de tout le peuple. Trois adoptions d'enfants eurent lieu immédiatement après, par les sociétés populaires. Deux nègres, un jeune garçon et une jeune fille, furent ensuite présentés au peuple par le représentant, qui, après avoir exécré les horreurs de l'esclavage et vanté les charmes de la liberté, s'écria, en s'adressant à la foule : « Amis, voici encore des frères ; ils sont de la famille, quoiqu'ils diffèrent de couleur. »

Enfin, le peuple entier chanta avec un saint enthousiasme cette belle strophe de l'hymne à la Liberté : *Amour sacré de la Patrie !...* A l'instant tout s'émeut sur la montagne et dans l'espace qui l'entoure ; les mères présentent à l'auteur de la nature les plus jeunes de leurs enfants ; les vieillards bénissent leurs petits-fils ; les adolescents agitent leurs épées dans les airs ; les jeunes filles jettent des fleurs vers le ciel, et tous les citoyens, confondus dans leurs embrassements mutuels, goûtent les charmes d'une douce fraternité.

Les citoyens apportent spontanément leurs diners sur la place ; cent repas fraternels sont improvisés sur le gazon. Prieur visitait tous les groupes « comme un bon père distribue à tous ses enfants les témoignages d'une égale tendresse. » Des toasts sont portés au bruit des canons de la ville et des remparts, etc., etc.

Le soir, la place est illuminée, la montagne étincelle de lumière ; des danses sont organisées, et, pour terminer dignement cette fête, à une heure du matin, Prieur vient annoncer les succès remportés par les armées des Pyrénées Orientales, « où sept mille satellites d'un Bourbon couronné ont déposé les armes devant les Républicains français. »

L'autel de la Patrie resta sur le Champ de Bataille jusqu'en l'an IX, et l'arbre de la Liberté de 1792 s'y voyait encore sous la Restauration... Un banquet civique de 1.560 couverts fut offert aux corps militaires de terre et de mer par les habitants de Brest le 26 août 1830, en commémoration des célèbres journées des 27, 28 et 29 juillet et « de l'union des sentiments nationaux des départements avec l'immortelle ville de Paris ». Cette solennité gastronomique, donnée en souvenir des « Trois Glorieuses », eut aussi pour cadre le Champ de Bataille. Le banquet était disposé sur d'immenses tables circulaires et des attributs guerriers, canons, fusils, épées, décoraient les abords de ce festin. En 1848, un deuxième arbre de la Liberté fut planté, dont l'existence fut éphémère comme celle de la deuxième République dont c'était le symbole. En 1858, l'Empereur Napoléon III et l'Impératrice Eugénie passèrent ici une revue militaire. La foule criait des vivats enthousiastes en l'honneur du monarque !

Enfin, sous la troisième République, le Champ de Bataille n'a point démérité de ses anciennes splendeurs politiques : toutes les fois qu'une agitation électorale ou gréviste doit secouer la vieille cité de feu Bristockus, toutes les fois qu'un remue-ménage quelconque vient troubler la vie quiète des Brestois, c'est ici que bat le cœur de la population. Il n'y a pas de mouvement à Brest qui n'ait son centre d'activité entre les quatre murs de ce « forum ». Lors des grandes grèves de 1904 et 1905, on a vu le kiosque de la musique transformé en tribune du haut de laquelle les orateurs haranguaient la foule attentive. Et ce jour-là le Champ de Bataille ne méritait plus le titre de « champ d'harmonie » que nous lui donnions au début de cette notice : il était devenu comme le champ clos des luttes sociales.

PLACE LATOUR D'AUVERGNE

En quittant le Champ de Bataille, prenez la rue Saint-Yves sur la droite et vous arriverez bientôt à la place Latour d'Auvergne. C'est un square planté d'arbres, assez bien entretenu, mais trop étroit pour être choisi comme lieu de promenade. Entouré d'immeubles élevés, ce coin de Brest, d'aspect plutôt paisible, était jadis un repaire redoutable de gens sans aveu. Au commencement du XIXe siècle, c'était une sorte de ravin : le Pont-de-Terre. M. Fleury, ancien bibliothécaire de la ville, en donne la description suivante :

Ce ravin s'appelait le Pont-de-Terre. Là était le refuge de tou ce qu'il y avait d'immonde à Brest, le séjour des crimes et de vices les plus infâmes et les plus honteux. Le voleur, l'assassin, le forçat évadé y trouvaient un gîte sûr et hospitalier. Dans ces lieux se rendait chaque soir cette population sans asile et sans nom qui cour nos rues en haillons, et pour un liard, femmes, hommes, enfants jeunes filles et jeunes garçons trouvaient à coucher pêle-mêle sur ou dans des tas de fumier qui y étaient rassemblés.

Une seule rangée de maisons en bois et pierres, basses et sordides ayant un escalier en dehors pour monter à l'étage supérieur et aux greniers, bordait une espèce de sentier étroit qui coupait en diagonale le ravin et conduisait du coin des rues de Saint-Yves et de la Mairie à celle de la Rampe. Double issue, si commode, si précieuse à cette population pour échapper à la police, dont elle ressortissait presque tout entière. Ce sentier, où des flaques d'eau puante se rencontraient à chaque pas et dont l'un des côtés était formé par des tas de fumiers, se trouvait à quatorze mètres en contre-bas des rues qui l'entouraient. On descendait par une pente raide et boueuse dans ce trou. Cette énorme excavation resta de longues années sans un simple talus pour en défendre les bords. En 1791 elle était encore béante ; aussi, lors du seul crime qui ait ensanglanté notre ville pendant la Révolution, deux généreux citoyens qui voulaient enlever des mains d'une foule furieuse ce malheureux officier, nommé Patris, dont une imprudente et sale caricature d'un autel de la Patrie élevé sur le Champ de Bataille avait soulevé l'indignation publique, y furent-ils précipités avec lui, roulant jusqu'au fond. Là il leur fut arraché des mains et décapité par les habitants de ce lieu, qui promenèrent sa tête au bout d'une pique dans toute la ville.

Dès 1781 pourtant on avait songé à l'enclore d'un mur ; en 1785 on avait déjà même eu l'idée de le consacrer à des établissements publics, on voulait construire une halle dans l'enfoncement de ce terrain, tant on sentait la nécessité de faire disparaître de la ville un lieu semblable ; mais ce ne fut qu'en 1802 qu'on l'entoura pour la première fois d'un talus en terre qui, peu d'années après, fut remplacé par un mur peu élevé qui, du moins, préservait des accidents qui y arrivaient le soir, alors que la ville n'était point éclairée. Une large brèche laissée au mur du côté de la rue de la Mairie donnait un accès facile dans cet affreux sentier ; mais rien n'avait été modifié dans sa population. En 1829, elle se composait encore, comme jadis, de condamnés, de récidivistes, de réclusionnaires libérés, de voleurs, d'assassins, de femmes perdues, ainsi que l'atteste un rapport de la police de cette époque.

M. Barchou, maire de Brest, dans un rapport qu'il présentait, le 1ᵉʳ mai 1830, au Conseil municipal et dans lequel il demandait à niveler le terrain pour y faire une rue qui aurait rejoint la Rampe par une allée ou passage couvert en verre, écrivait ceci :

« Les habitations de ce lieu, auxquelles un sentier étroit, escarpé et
« dangereux est le seul moyen de communiquer, n'ont pour hôtes que
« quelques ouvriers malheureux, des femmes publiques, rebuts elles-
« mêmes des femmes publiques, les mendiants de la ville et ceux du
« dehors et les vagabonds qui n'ont aucun domicile. Tous gisent en
« confusion, sur la paille, moyennant une légère rétribution... Entrepôt
« des vols, théâtre de la plus sale et de la plus dégoûtante débauche et
« de crimes, cette localité est pour ainsi dire inaccessible à la police.
« Néanmoins, les annales judiciaires attestent encore son action. Ainsi
« le tableau de ce lieu n'est que faiblement tracé », s'écrie-t-il en terminant, dans son dégoût profond d'être obligé d'entretenir le Conseil d'un pareil sujet.

En 1842 seulement les travaux d'assainissement et d'amélioration furent exécutés. Le nauséabond cloaque fut transformé en un square agréable où des « pardons » étaient célébrés, où un superbe reposoir était élevé, chaque année, à l'époque de la procession de la Fête-Dieu.

Aujourd'hui, la place de Latour d'Auvergne n'a plus ni pardon ni reposoir, et les seuls cantiques qu'on y entende sont ceux chantés par de gais pierrots, nichés dans les branches et gazouillant au soleil !

RUE DE LA MAIRIE

Si, au lieu d'entrer en ville par la porte de Landerneau, le voyageur venant de la gare est arrivé par la porte Foy, c'est-à-dire par la voie qui s'ouvre directement devant lui, la première rue qu'il trouve sur sa droite, après avoir traversé le deuxième pont-levis, est celle de la Poterne, puis, tout de suite, sur la gauche, celle de la Mairie.

La rue de la Mairie s'amorce ainsi au pied même des fortifications et va droit jusqu'à l'Hôpital maritime, dont on aperçoit au loin le portique surmonté d'un drapeau

tricolore. A peine entré dans cette rue, on aperçoit su
la gauche l'hôtel de la Sous-Préfecture, vénérable masur
indigne de loger les fonctionnaires de la République.

La rue de la Mairie longe bientôt le square Latou
d'Auvergne, dont nous parlons plus haut, coupe à angl
droit la rue de Siam et la Grand'Rue, puis remont
légèrement vers le marché central, l'église Saint-Louis
l'ancienne chapelle de la Marine, et enfin l'Hôtel de Ville

Nous donnerons, d'autre part, une description d
l'église Saint-Louis. Quant à l'Hôtel de Ville, il faudrai
être doué d'une imagination bien fertile pour en trace
une esquisse attachante ou simplement curieuse. C'es
l'immeuble très quelconque que vous apercevez sur votr
droite, presqu'en face de la chapelle de la Marine
précédé d'une grille banale, laquelle est surmontée d'u
écusson aux armes de la ville.

Cette maison fut achetée en 1756 à un certai
M. Chapizeau pour la somme de vingt-sept mille livres
Elle ne vaut pas davantage aujourd'hui. N'entrez pas, ca
dès l'abord vous seriez surpris de l'état de délabremen
dans lequel se trouve cet édifice sous le toit duquel s
débattent les intérêts d'une ville de 80.000 âmes ! Depui
de longues années, il est question de livrer ces vieux mur
au démolisseur et de reconstruire ailleurs la demeur
communale...

Un peu plus haut, sur la gauche, vous rencontrez u
vaste établissement dont l'entrée porte l'inscription « Écol
des Mécaniciens ». Cet édifice, composé d'un pavillo
central et de deux ailes, surmonté d'un dôme élevé, fu
construit en 1686 pour servir de grand séminaire au
jésuites ; puis, il devint hôpital ; aujourd'hui, il ser
d'école aux mécaniciens de la Marine, après avoir abrit
les pupilles. Toulon et Brest sont les seuls ports pourvu
d'une école des élèves mécaniciens des équipages de la Flotte

A quelque cent mètres plus loin, la rue de la Mairi
est coupée à angle droit par la rue Fautras. Tout au ba
de cette dernière rue, à gauche, est le musée d'anatomie

Musée d'anatomie. — Le musée d'anatomie intéressera vivement les médecins et les naturalistes. Une autorisation sera facilement obtenue, pour le visiter, à la Direction du Service de Santé, à l'Hôpital. S'il est pauvre en spécimens d'anatomie pathologique, ce musée contient une belle collection ethnologique et phrénologique. On y voit notamment trois cents crânes provenant des différentes races humaines, et trois cents moulages de têtes de forçats. Des dispositions spéciales étaient prises pour que, après les exécutions capitales qui avaient lieu au bagne, situé en face dans l'arsenal, le corps des suppliciés fût apporté encore tout chaud à l'amphithéâtre. Un chirurgien constata que le cœur d'un guillotiné, dont la tête est ici, continua de battre pendant cinq quarts d'heure après l'exécution.

Dans la collection des têtes, celle qui porte le numéro 1593 appartînt de son vivant à l'illustre Coignard, dit comte de Sainte-Hélène. Condamné en 1801 à quatorze ans de galères pour vols, il s'était évadé du bagne de Toulon, avait passé en Espagne ; puis, revenu en France sous le nom de comte de Sainte-Hélène, il réussit à obtenir le grade de lieutenant-colonel de la Légion de la Seine. Un jour, au moment où, fièrement campé sur son cheval, l'ancien forçat passait la revue de son régiment, il fut reconnu par un ancien camarade de geôle, et bientôt arrêté. Condamné en 1819 aux travaux forcés à perpétuité, il mourut au bagne de Brest. Le cerveau qui s'agitait dans ce crâne n'était pas celui du premier venu !

Le quartier de la Marine. — A l'angle de la rue de la Mairie et de la rue Fautras, s'étend une vaste esplanade dont le fond est formé par les casernements du quartier de la Marine, actuellement occupé par l'Infanterie coloniale. La façade de ce bâtiment mesure deux cent cinquante mètres de long. Le 4 août 1789, la cour de cette caserne servit de cadre à une scène vraiment imposante : nous voulons parler de la prestation du serment national par cinq divisions du corps royal des canonniers matelots et de la compagnie des ouvriers d'artillerie des Colonies

et de la Marine. Le comte d'Hector, lieutenant-généra
des armées navales, présidait cette cérémonie patriotique
dont une relation pompeuse a été laissée par les écrivain
du temps.

L'Observatoire. — L'observatoire de la Marine fu
installé en 1819 dans le pavillon central du quartier de l
Marine (voir le plan de Brest à la page 44). Il a pour bu
principal de déterminer l'heure au moyen d'observation
astronomiques, et de régler les chronomètres destinés au
navires de guerre.

Il indique l'heure à dix heures et dix heures deu
minutes du matin (heure de Paris) aux bâtiments en rad
en faisant tomber un ballon hissé sur un mât à l'entrée d
la Penfeld (rive droite).

Ce ballon est manœuvré au moyen d'un fil électrique.

L'observatoire est chargé également de délivrer au
bâtiments de guerre les instruments scientifiques dont il
ont besoin.

On y recueille les observations météorologiques qu
sont adressées télégraphiquement au Bureau central d
météorologie, à Paris.

L'observatoire est actuellement dirigé par le lieutenan
de vaisseau Audouard.

Si, laissant sur la droite le quartier de la Marine, vou
continuez la rue de la Mairie, vous longerez, sur la gauche
la Pharmacie centrale et arriverez bientôt à l'Hôpita
maritime, le plus bel établissement de ce genre qui existe
dans nos cinq ports de guerre.

Le Jardin botanique. — Il n'y a pas de jardin publi
à Brest. Les fortifications avec leurs grands arbres e
tiennent lieu.

Le Jardin botanique (voir le plan de Brest à la page 44
est situé dans la rue Lannouron, immédiatement à droit
avant l'entrée de l'Hôpital de la Marine : il est intéressan
soutout pour les naturalistes. Il fut fondé en 1768 pa
MM. Courcelles et Poissonnier : on y voit une foule de
végétaux du Japon, de la Chine, de l'Australie, de l

Nouvelle-Zélande, des deux Amériques. Des palmiers superbes et une collection de conifères les plus rares : cryptoméria, taxodium, secoya, araucaria. Nous parlons d'autre part de la douceur du climat de Brest ; la preuve en éclate ici sous les yeux de l'observateur : certaines espèces, qui ne poussent ni en Touraine ni en Provence, vivent et prospèrent dans ce coin de terre avec une vigueur remarquable.

On y voit, écrit M. O. Pradère, en pleine terre, le camélia japonica, introduit en 1810. Beaucoup de pieds de camélias sont de véritables arbres de plus de trois mètres de haut : ils fleurissent tous les ans et donnent des graines parfaitement mûres. Le camélia est d'ailleurs cultivé dans toute la Bretagne, mais nulle part il ne se passe, aussi bien qu'à Brest, de toute couverture pendant la saison froide. Le yucca gloriosa, apporté d'Amérique, est un arbre dont le tronc a un mètre dix centimètres : la hauteur, sans comprendre la hampe, dépasse trois mètres. Douze variétés de bambous du Japon et de la Chine poussent et fleurissent en pleine terre et résistent aux hivers. De magnifiques araucarias attirent l'attention du voyageur. Parmi les plantes exotiques, on trouve les gnapholium-undulatum, originaire du cap de Bonne-Espérance ; l'allium-néopolitanum, originaire d'Italie ; les fuchsias, originaires de Magellan ; les escallonnas, originaires du Chili ; le phormium tenax, originaire de la Nouvelle-Zélande. Tous ces arbustes se trouvent en compagnie du gunnera-scabra du Chili, dont les feuilles atteignent jusqu'à deux mètres cinquante centimètres de large, et de l'eucalyptus, ce bel arbre des forêts de la Nouvelle Hollande (Australie).

Au milieu de toute cette flore exotique s'élève le buste de Jules Crevaux, médecin de la Marine, érigé par le corps médical de la Marine à l'illustre explorateur de l'Amérique du Sud, massacré par les Indiens Tobas en 1882.

Un musée d'histoire naturelle est annexé au jardin : zoologie, botanique, minéralogie, emplissent quatre salles de leurs spécimens curieux. La première salle, outre les espèces particulières à chaque nation, contient une collection d'insectes ; la seconde, les oiseaux, les reptiles, les poissons et les mollusques ; la troisième, les mammifères, les crustacés ; la quatrième, la minéralogie, la géologie et la botanique.

Tout cela est très curieux, certes ! Le malheur est que M. Camille Pelletan, étant Ministre de la Marine, a supprimé les crédits nécessaires pour l'entretien du jardin et que, depuis cette suppression, ledit jardin est fermé au public. Il n'est guère plus fréquenté aujourd'hui que par les officiers en traitement à l'hôpital, qui viennent au sein de cette végétation luxuriante respirer les bonnes senteurs printanières. Le jardin fut fermé au public en octobre 1903.

L'hôpital de la Marine. — L'hôpital de la Marine, contigu au Jardin botanique, forme le fond de la rue de la Mairie. Nous ne nous y attarderons point, car la visite de l'asile des souffrances humaines n'intéresse guère que les médecins ou les hygiénistes. Cet établissement fut construit de 1823 à 1835, par Trotté de la Roche, d'après les plans de M. Lambardie, et sur l'emplacement de l'hôpital primitif incendié en 1776. La première pierre fut posée en 1822 par le Ministre de la Marine, M. de Clermont-Tonnerre. Il peut contenir mille deux cents lits. Tous les spécialistes compétents s'accordent pour reconnaître que les services en sont très bien organisés. Il fut visité en 1858 par Napoléon III, qui ordonna la reconstruction de la chapelle. Durant les terribles épidémies que nous avons signalées plus haut, dans la partie historique du présent ouvrage, il fut encombré de malades et fut d'un précieux secours à la Marine et aux habitants de Brest. La bibliothèque de l'Ecole de médecine navale, formée d'environ dix mille volumes, est installée à droite, en entrant, au premier étage.

LA GRAND'RUE

En quittant l'hôpital de la Marine, si nous revenons sur nos pas, nous trouverons bientôt, après avoir laissé sur notre droite la place et l'église Saint-Louis, l'ancienne rue principale de Brest : la Grand'Rue. Avant la construction du pont National, c'était l'artère commerciale et populeuse par excellence. Dès 1678, on commença à construire dans l'espace compris entre le point appelé aujourd'hui place des Portes, c'est-à-dire au pied même des fortifications, près de la percée de Landerneau, et le bras de mer la Penfeld. Ce fut d'abord la rue de Seuil, du nom de l'intendant dont le souvenir est mêlé aux origines du port, puis elle devint la rue de l'Intendance. Vauban lui donne, en 1694, le nom de Grand'Rue, mais par deux fois elle est appelée rue de la République, d'abord au cours de l'an II, puis en 1848. *Impériale* sous le premier et le second Empire, elle fut *Royale* pendant la première et la seconde Restauration, et ce n'est que depuis 1870 qu'elle est redevenue Grand'Rue.

Hâtons-nous de dire qu'aucun signe spécial de grandeur ne la désigne au touriste. Depuis que le commerce s'est porté rue de Siam, elle est déchue de son ancienne splendeur et contient très peu de maisons modernes. En revanche, elle offre plusieurs spécimens de vieille architecture. Parmi les bâtisses les plus curieuses, nous citerons celles portant les numéros 72 et 74. Des escaliers en pierre sculptée, des voûtes ogivales, des niches où mettre des statuettes témoignent de l'ancienne richesse de ces demeures, aujourd'hui transformées en logements plus que modestes. La façade du numéro 73 est un échantillon bien conservé de l'architecture du xviii° siècle.

Il y a là, sur la droite, en descendant vers l'arsenal, l'hôtel de l'ancienne intendance acheté, en 1751, à M. d'Aché de Serquigny, et qu'habita le premier Préfet maritime de Brest, Caffarelli. C'est le bureau du Commissariat général de la Marine.

La dernière maison, à droite en descendant, porte, au-dessus de l'entrée, la triple inscription suivante :

Bibliothèque de la Marine.

Bureau des entrées dans l'Arsenal.

Ecole d'hydrographie.

C'est là, et non au numéro 62, comme l'indiquent à tort tous les guides parus jusqu'à ce jour, que sont délivrées, de neuf heures à onze heures du matin, le dimanche excepté, les autorisations pour visiter l'arsenal. Cet immeuble, étant propriété de l'Etat, est dépourvu de numérotage.

La Bibliothèque de la Marine renferme plus de vingt mille volumes. Elle est ouverte de onze heures du matin à quatre heures de l'après-midi et de sept heures à neuf heures du soir.

RECOUVRANCE

En 1600, le bourg de Recouvrance, dit Ogée, était beaucoup plus grand que la ville de Brest : « Ce bourg s'appelait jadis bourg Sainte-Catherine ; mais, en 1346, Jean IV y fit bâtir une chapelle dédiée à Notre-Dame de Recouvrance, où l'on déposait beaucoup d'ex-voto pour l'heureux retour et le *recouvrement* des matelots et des navires qui partaient de Brest. Peu à peu, le nom de Recouvrance a remplacé celui de Sainte-Catherine, et le bourg s'est confondu avec la ville. »

Avant de passer le pont National pour gagner le quartier des « Yanick » (traduction française : *Petit Jean)* — c'est ainsi que les Brestois surnomment les habitants d'au delà de la Penfeld — il convient de jeter un regard d'ensemble sur le faubourg de Recouvrance dont les maisons, pour la plupart très vieilles, forment une perspective saisissante et accidentée. Construit en amphithéâtre sur le flanc du coteau dont la rivière baigne le pied, au bas de l'antique bastide de Quilbignon, le populeux faubourg, ramassé sur lui-même, apparaît comme une autre ville ayant son caractère et sa vie propre et qui serait séparée de Brest, comme Beaucaire l'est de Tarascon, par le pont...

Sur ce pont, on y danse — bien malgré soi, quand la foule des passants est trop compacte, quand de trop lourds chariots y circulent — ou encore si le terrible vent du sud-ouest, soufflant en tempête, fait jaillir des longues armatures de fer des coups de sifflet stridents, aigus, sinistres.

Sur la gauche, à l'entrée même du faubourg et de la rue du Pont, remarquez cette tour ronde coiffée d'un chapeau chinois : c'est La Motte-Tanguy — c'est le berceau de Recouvrance, comme le vieux Château d'en face fut celui de Brest. Son origine remonte au xiv⁰ siècle, à l'époque de l'occupation anglaise du Château de Brest (1341 à 1397). La bastille de Quilbignon était destinée à défendre la rive droite de la Penfeld comme le Château en défendait la rive gauche. Les deux forts communiquaient entre eux par un passage souterrain obstrué depuis 1790. D'après M. de Fréminville, c'est dans cette tour qu'à certains jours de l'année, au xv⁰ siècle, le bailli du seigneur, Tanguy du Chastel, se rendait pour recevoir le serment de foi et hommage ainsi que les redevances des vassaux.

De nos jours, La Motte-Tanguy, qui fut vendue il y a une soixantaine d'années et dont l'intérieur fut aménagé en appartements, est habitée par des particuliers. Un docteur-médecin en occupe l'étage principal.

Saluons ce dernier vestige des anciens temps belliqueux qui nous rappellera seulement les difficultés de communication entre Brest et Recouvrance jusqu'en 1861. Il n'était pas simple, avant cette époque, d'aller d'un bord sur l'autre. Les seigneurs du Chastel étaient propriétaires de la rivière, ou tout au moins d'un droit de passage sur tout son parcours et jusqu'au xvii⁰ siècle : « Ce droit, dit Levot, consistait en une gerbe de blé d'avoine à recevoir annuellement de chaque feu ou ménage, soit noble, soit roturier, des paroisses de Plouzané, Quilbignon et Guilers, et en dix deniers monnayés payables, aussi annuellement, par chaque ménage entier de Recouvrance, le tout à la condition que le propriétaire du droit de passage entretiendrait des bateaux en nombre suffisant pour assurer le passage des piétons, des bestiaux et des denrées. Plus tard, la quête annuelle que faisait le fermier de passage dans les trois paroisses que nous venons d'indiquer s'étendit à celles de Guipavas, Gouesnou et Lambézellec, et cette quête, au xvii° siècle, produisait ordinairement cinquante-neuf boisseaux de divers blés, ainsi répartis : Plouzané, vingt-cinq ; Quilbignon, six ; Guilers, six ; Lambézellec, cinq ; Gouesnou, deux, et Guipavas, quinze. »

L'histoire nous apprend, d'autre part, que les habitants de Recouvrance étaient, à l'origine, très *sur l'œil*, et n'admettaient pas volontiers chez eux les étrangers. C'étaient pour la plupart des pêcheurs, et ils ne voulaient recevoir parmi eux « que des individus capables d'exercer leur profession. Ils n'auraient permis aux immigrants de s'établir, de se marier, de construire soit une maison, soit un navire, qu'à la condition pour ceux-ci de faire preuve d'aptitude nautique, en plongeant à trois reprises sur le rocher de la Rose et en arrachant, chaque fois, une poignée de goémon ». C'est ce que l'on appelait l'épreuve du saut de la mer. Il fallait donc en quelque sorte passer un examen pour acquérir le droit de cité à Recouvrance.

Les « Yanick » purent ainsi maintenir jalousement leurs petits privilèges tant que, pour se rendre chez eux, il fallut faire usage d'un bateau. Inutile d'insister, n'est-ce pas ? sur les difficultés de toutes sortes que comportait ce genre de communications aquatiques. Il se produisait des accidents sans nombre. Sous Louis XIII, soixante habitants du côté de Recouvrance, se rendant à Brest pour assister à une procession, se noyèrent dans la Penfeld.

Après des péripéties diverses, la ferme des bacs et bateaux desservant le passage de Brest et Recouvrance était exploitée, en 1861, par M. Le Bihan, qui l'avait acquise au prix de 35.000 francs par an.

Jusque-là, comme le remarque fort justement M. Levot, les Yanick avaient vécu dans un véritable état d'ilotisme. Les bas quartiers du faubourg, aujourd'hui bien tranquilles et souvent déserts, étaient alors très animés : des magasins, des bazars de toutes sortes attiraient la foule, et maints Brestois se souviennent encore de la vie intense qui régnait aux abords des débarcadères.

Le faubourg moderne ne présente, au reste, aucune particularité digne d'attirer l'attention du touriste ; arrêté dans son essor par la ligne des fortifications qui le sépare, à l'ouest, du territoire de Saint-Pierre Quilbignon, il renferme une population très dense, très remuante. Habité, pour la majeure partie, par des familles de marins ou d'employés de l'Arsenal, il possède presque son autonomie municipale ; il a sa mairie spéciale et l'adjoint de Brest délégué aux fonctions d'officier de l'état civil, est appelé communément « le maire de Recouvrance ».

Si, après avoir passé le pont, le promeneur descend la rue du Pont et s'il tourne sur la gauche, pour remonter la rue de la Porte, il se heurtera bientôt aux fortifications qui barrent la route et ne laissent libre passage que par deux entrées étroites munies de ponts-levis. C'est ici la porte du Conquet, où les voyageurs du tramway électrique venus de Brest doivent changer de voiture pour continuer sur Saint-Pierre Quilbignon ou sur le Conquet.

En longeant les fortifications, à gauche, on parvient à la place principale de Recouvrance, appelée aussi « Champ de Bataille », et qui occupe le terrain d'un cimetière désaffecté. Du haut du rempart, sur la droite, on jouit, étant placé à côté de la caserne d'Artillerie dite de la Pointe, d'un panorama splendide sur la rade et sur le goulet.

Les échopes de torchis et de planches qui bordent sur la droite en montant la rue de la Porte, étaient déjà condamnées en 1765 pour cause de vétusté... Elles sont encore debout, — et pour longtemps, probablement ?

Recouvrance possède plusieurs établissements militaires. Le principal est la caserne de la Cayenne, qui communique avec l'Arsenal ; les magasins de l'Artillerie de terre ; l'Arc'hantel, manutention de la Guerre, située près de la porte du Conquet.

L'Arc'hantel comprend une boulangerie de quatre fours pouvant donner, par vingt-quatre heures, quatorze mille rations de pain, et divers magasins servant au logement de matériel et de denrées, principalement de blé et de farine.

Journellement il est fabriqué et distribué aux troupes de la garnison mille sept cents rations, représentant mille deux cent soixante-quinze kilogrammes de pain. Les autres denrées : café, sucre, riz, haricots, porc salé, etc., ne sont distribuées qu'à certaines dates fixées par le règlement.

La farine employée pour la fabrication provient de blé acheté en adjudication publique par le service local de l'Intendance ; l'importance de ces achats est annuellement de cinq à six mille quintaux.

Faute de moulin militaire, la mouture du blé est faite par la main d'œuvre civile.

Le ravitaillement en denrées des diverses garnisons du département est assuré par la Manutention militaire de Brest, dont relèvent, à titre d'annexes, divers forts et ouvrages de la côte, ainsi que l'île d'Ouessant, où sont entretenus des approvisionnements très importants.

L'établissement est sous les ordres d'un officier d'administration de 1re classe du service des Subsistances militaires, chef de service responsable disciplinairement et pécuniairement, et qui est tenu de verser un cautionnement. Il a sous ses ordres un officier d'administration de 2e classe, et un détachement de commis et ouvriers militaires d'administration d'un effectif de trente-cinq hommes.

BREST EXTRA-MUROS

L'ANNEXION

Nous avons visité rapidement les deux parties de la ville enclavées dans l'enceinte de Vauban : Brest et Recouvrance. Mais le territoire municipal s'étend bien au delà des remparts. Deux autres quartiers très importants se sont élevés au dehors : celui de l'Annexion au nord-est, et celui du Port de Commerce au sud.

Le quartier de l'Annexion commence à la place de la Liberté, c'est-à-dire à cette vaste esplanade entourée d'arbres, que le voyageur aperçoit à droite lorsqu'il va de la gare de l'Ouest à la porte de Landerneau, et finit à l'octroi de la rue de Paris, son artère principale.

La rue de Paris, qui s'amorce à la place de la Liberté, est large et bien aérée. Les fortifications sont franchies. On commence à respirer. L'air, la lumière circulent ici librement. Les maisons sont presque toutes de construction récente, et autant le faubourg de Recouvrance donne l'impression de quelque chose de vieux et de gris, autant le faubourg de l'Annexion frappe l'observateur par la largeur de ses rues, par l'aspect moderne de ses immeubles.

La place de la Liberté date de 1812. Elle fut créée pour procurer des salaires à des ouvriers sans travail. Elle changea plusieurs fois de nom et s'appela, au début : Champ de Mars, puis place du Roi. de Rome, puis place Bourbon. En 1830, elle prit une première fois le nom qu'elle porte encore — en attendant d'en changer.

La première annexion de terrain qui ait permis à Brest de s'étendre en dehors de ses murailles remonte à 1853 ;

---

la deuxième à 1861. « Ces deux annexions proviennent : 1° de la cession par l'Etat des terrains laissés disponibles par la démolition d'une partie des anciennes fortifications ; 2° de l'annexion d'une partie de la commune de Lambézellec.

La partie de Brest dite de l'Annexion croît chaque jour en importance. Des quartiers neufs se construisent en quelques années. En montant la rue de Paris, on arrive bientôt à l'église de Saint-Martin, sur la gauche, tandis que le grand cimetière de Brest est sur la droite. Dans ce cimetière s'élève la colonne érigée à la mémoire des vingt-six administrateurs du Finistère guillotinés à Brest le même jour, en 1794. D'autres monuments funéraires sont à citer : celui du docteur Potel, victime du devoir ; du baron Lacrosse, député et sénateur ; du médecin Duverger ; de M. Penquer, ancien maire de Brest, etc. Brest possède, outre le cimetière de Recouvrance, un troisième cimetière, celui de Kerfautras, situé également dans l'Annexion, sur les hauteurs dominant Kérinou.

Le quartier de l'Annexion prend de jour en jour une importance plus grande, et lorsque les remparts de Vauban seront enfin tombés, nul doute que la place de la Liberté devienne rapidement le centre de la ville nouvelle. Il est facile de se rendre compte de ce qui pourra être fait rien qu'en jetant un regard sur l'immense étendue de terrains actuellement accaparés par les servitudes militaires, sur ces zones où il est défendu de bâtir autrement qu'en planches ou en torchis. La future cité brestoise pourra avoir, dans cet endroit, quelque chose de plus vaste encore que la fameuse place Bellecour de Lyon, d'aussi bien que les célèbres Quinconces de Bordeaux.

Des plans existent déjà, qui donnent un aperçu de ce que sera la ville de l'avenir — de ce qu'elle devrait être depuis longtemps si la routine ne mettait toujours des bâtons dans les roues et n'arrêtait pas constamment les progrès nécessaires, les transformations indispensables aussi bien pour les hommes que pour les cités.

LE PORT DE COMMERCE

Le Port de Commerce, de même que le quartier de l'Annexion, est situé en dehors des remparts. Là où, avant 1862, n'existaient que des grèves pierreuses en partie recouvertes par la mer, tout un quartier est maintenant sorti de terre, très commerçant, très animé, très vivant — l'un des plus curieux de Brest.

Une vieille peinture murale se voit dans la grande salle de la Bourse du Commerce (Champ de Bataille), montrant l'état des travaux de terrassement et de nivellement en 1862. Une locomotive fume sur des rails volants le long des fortifications, et bien que les trains réguliers de chemin de fer n'aient fait leur apparition à Brest que trois ans plus tard. Des ouvriers piochent ferme le roc dur. C'était le début. Depuis quarante-cinq ans, le grain jeté dans ce sol de Porstrein a germé, et le Port de Commerce ne cesse de croître en importance et en trafic. De bons prophètes pensent que de grandes destinées lui sont réservées.

Pour mesurer le chemin parcouru, il suffit de savoir qu'en 1832 la Marine marchande de Brest comptait quatorze bâtiments de deux cents à trois cents tonneaux ; trente-cinq de cent à deux cents tonneaux ; au-dessous de cent tonneaux, cent trente-neuf pontés et cinq cent quatre-vingt-dix-sept non pontés. Ces bâtiments formaient un ensemble de treize mille neuf cent dix-sept tonneaux.

Jusqu'en 1865 il n'y avait pas à Brest de Port de Commerce proprement dit. La Marine de commerce était seulement autorisée à utiliser, pour ses opérations, deux quais établis sur les deux rives de la Penfeld : le quai Jean Bart, du côté de Recouvrance, et le quai Tourville, sur la rive gauche. Le chenal, entre ces deux quais, dont la longueur totale était de cent soixante-dix mètres environ, devait être tenu constamment libre pour les mouvements de la Marine militaire, ce qui donne la mesure des sujétions auxquelles était soumise la navigation commerciale dans l'espace étroit où elle était confinée.

Cette situation était depuis longtemps devenue aussi intolérable pour la Marine militaire que pour le commerce, et la nécessité d'aménager un Port de Commerce en dehors de la Penfeld se faisait impérieusement sentir.

Dès la fin du xviie siècle, le maréchal de Vauban avait dressé le projet d'un Port de Commerce dans l'anse de Porstrein. De nouveaux projets analogues furent étudiés

Perspective du Port de Commerce et de la rade *(cliché Villard)*

vers la fin du xviiie siècle ; l'un d'eux reçut même un commencement d'exécution en 1789. Les études furent continuées pendant la première moitié du xixe siècle jusqu'à ce qu'enfin, en 1855, l'administration supérieure des Travaux publics prît en considération un projet qui, approuvé par décret en 1859, fut le point de départ de la construction du Port de Commerce actuel. Le projet primitif comportait un bassin à flot à l'emplacement du bassin actuel du nord-ouest ; mais on reconnut, en cours d'exécution, qu'il était nécessaire de réserver un plus grand espace pour le port à marée proprement dit et de reporter le bassin à flot à l'est de la jetée Est actuelle ; ce bassin à flot n'a jamais été construit.

Tel qu'il a été exécuté, le Port de Commerce de Brest comprend deux grandes jetées dirigées à peu près perpendiculairement au rivage : celle de l'Ouest, bordée de quais ; celle de l'Est, non accostable aux navires. Entre ces deux jetées, dont la longueur est d'environ quatre cent cinquante mètres, le rivage est bordé de quais sur une longueur approximative de neuf cents mètres. Trois éperons saillants augmentent le développement des quais et la surface des terre-pleins affectés au dépôt des marchandises. Les darses abritées par ces éperons, désignées sous le nom de bassins, sont affectées aux lignes régulières de navigation et à la petite batellerie. Au delà du troisième éperon s'étend une darse de plus grande dimension, réservée aux navires de fort tonnage ; le quai qui la borde, au nord, desservi par trois voies ferrées, a quatre cent cinquante mètres de long. C'est le long de ce quai que se trouvent les quelques établissements industriels d'une certaine importance qui ont pu se créer à Brest. Au total, la longueur des quais accostables est de deux mille trois cents mètres.

A l'exception de la partie comprise entre les éperons, où la profondeur d'eau est des plus faibles, toute la surface embrassée par les deux jetées de l'Ouest et de l'Est présente une profondeur d'eau qui n'est pas moindre de sept mètres cinquante aux plus basses mers observées, et qui atteint quatorze à quinze mètres dans les plus grandes hautes mers. La protection de cette surface de quarante hectares environ est complétée par une digue isolée parallèle au rivage, appelée digue du Sud, et dont la longueur est de neuf cent cinquante mètres. Cette digue laisse, à chaque extrémité des digues de l'Ouest et de l'Est, une passe dont la largeur est de cent quarante mètres à l'Ouest et cent vingt mètres à l'Est.

Tous les quais et jetées du Port de Commerce ont été construits à l'aide de blocs artificiels de grande dimension (quarante-cinq mètres cubes environ), reposant sur une fondation en enrochements. Les travaux, commencés en 1860, n'ont été terminés que vers 1875 ; mais dès 1865 le commerce maritime pouvait abandonner l'ancien port de la Penfeld pour s'installer dans le nouveau port extérieur.

La dépense totale des travaux a atteint environ vingt millions. Un cube de rocher, d'environ trois millions de mètres cubes, a été extrait des coteaux de Poullic-al-Lor, à l'aide de mines qui détachaient en une seule explosion quarante mille mètres cubes pour fournir les moellons employés soit pour constituer les fondations des quais et jetées, soit pour servir à la construction des blocs artificiels.

Le port de Brest est caractérisé par les avantages exceptionnels qu'il présente sous le rapport des profondeurs d'eau. Comme nous l'avons dit, le port à marée actuel a été dragué de manière que la hauteur d'eau ne soit jamais inférieure à sept mètres cinquante aux plus faibles basses mers, et on pourrait obtenir aisément un approfondissement d'un mètre au moins sans avoir à draguer le rocher, c'est-à-dire au prix d'une dépense relativement peu élevée. En prolongeant les jetées de quelques centaines de mètres, on rencontrerait des fonds où la hauteur d'eau n'est jamais inférieure à dix mètres. Ce sont là des conditions qui ne se rencontrent, dans les mers à marées, que dans trois ou quatre ports du monde entier ; en outre, grâce à la pureté des eaux de la rade, les profondeurs se maintiennent d'elles-mêmes sans aucun entretien.

Le Port de Brest remplit donc à un degré remarquable les conditions auxquelles doit satisfaire le port d'attache d'une ligne de grands paquebots transatlantiques. Pendant quelques années, de 1865 à 1873, les transatlantiques français de la ligne de New-York firent escale à Brest à l'aller et au retour, mais l'organisation défectueuse des embarquements et débarquements et, plus encore, la durée démesurément longue du trajet par chemin de fer entre Brest et Paris décourageaient les voyageurs, si bien que l'on renonça à cette expérience, qui n'a pas été reprise depuis.

Brest manquait d'ailleurs d'une installation indispensable au port d'attache d'une ligne de paquebots rapides ; ils n'y auraient pas trouvé jusqu'à présent une forme de radoub leur permettant de procéder à de fréquents nettoyages de leur coque. C'est pour combler cette lacune que l'Etat a entrepris, en 1903, avec le concours de la Ville de Brest et de la Chambre de commerce, la construction d'une forme de radoub, dont la longueur atteint deux cent vingt-cinq mètres et

M. MARUÉJOULS, ancien Ministre des Travaux publics
(qui inaugura la forme de radoub, en 1903)

dépasse, par suite, celle de tous les ouvrages de ce genre existant en France. Avec sa largeur de vingt-cinq mètres au niveau du radier, son tirant d'eau de dix mètres aux plus faibles pleines mers, cette forme de radoub, qui sera pourvue de machines d'épuisement d'une très grande puissance, répondra à toutes les exigences de l'armement moderne. Elle sera probablement terminée en 1908 et aura coûté environ six millions.

Les travaux de cette forme de radoub sont dirigés par M. l'ingénieur des ponts et chaussées Vicaire, à qui nous devons les renseignements très exacts que nous venons de donner sur le Port de Commerce.

L'Amiral RÉVEILLÈRE

Il existe un projet grandiose, dit « projet Duchesne », qui consisterait à faire du Port de Commerce de Brest le plus vaste du monde. Le cliché que nous reproduisons plus loin donne une idée de la vaste pensée de l'ingénieur. L'amiral Réveillère, ardent pionnier de Brest - transatlantique, a répondu éloquemment aux principales objections relatives aux inconvénients présentés par la co-existence d'un Port de Commerce et d'un Port de Guerre :

— En temps de paix, écrit-il, il n'y a aucune raison de conflit entre le Commerce et la Marine de guerre. En temps de guerre, la concentration de ces deux facteurs de la puissance nationale acquiert une importance de premier ordre... Quel avantage pour la promptitude des opérations stratégiques que les autorités militaires aient sous

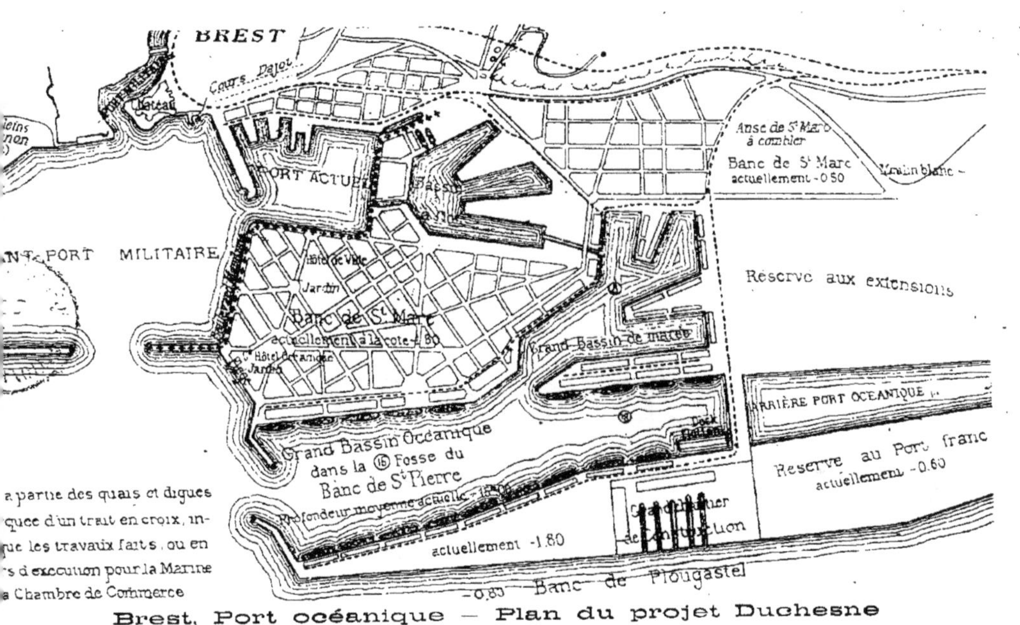

Brest, Port océanique — Plan du projet Duchesne

main la flotte commerciale, soit pour le transport des troupes et du matériel, soit pour l'expédition de ces croiseurs auxiliaires auxquels les nations maritimes attribuent un rôle important en cas de conflit. Toujours en état de prendre la mer, avec l'assistance immédiate du Port de Guerre, ces lévriers de l'Océan peuvent être armés en quelques heures — et rien ne les empêchera de prendre le large ; avec ses trois portes de sortie, Four, Iroise, Toulinguet, Brest est imblocable.

L'amiral Réveillère a fait justice, d'ailleurs, de toutes les objections relatives aux difficultés d'atterrage de la rade de Brest, atterrage dont le mouvement continuel des escadres démontre péremptoirement la facilité et la sûreté.

Ajoutons ce détail curieux que c'est dans la rade de Brest, en baie de Lauberlach, que les transatlantiques français de la ligne Havre-New-York viennent régler leurs compas. Le plus neuf de tous, la *Provence*, est venu à Brest pour cette opération le 20 mars 1906.

LE CHATEAU

DÉMARCHES A FAIRE POUR VISITER

Le Château, nous l'avons dit d'autre part, est le berceau de la ville de Brest. Il fut, dès l'origine, le refuge des riverains de la Penfeld menacés d'invasion et la demeure de hauts et valeureux guerriers. Très imposant sous tous ses aspects, qu'on le regarde de la mer ou de la terre, cet ancêtre de granit a vu vingt générations naître et mourir à ses pieds. Il vivra longtemps encore et ceux de demain comme ceux d'après-demain méditeront devant ces tours gigantesques, devant ces hautes et fières murailles qui portent en elles tant de mystères historiques à jamais impénétrables. Son âge exact, on ne le connaît point. Date-t-il, en certaines de ses parties, de Jules César ? Quelques-uns le croient — mais comment l'établir d'une façon indiscutable ? Les études documentées, fouillées, publiées par des chercheurs ardents autant qu'érudits laissent forcément dans le doute cette question des origines sûres.

Nous donnerons plus loin des extraits aussi complets que possible de ces différents travaux ; mais comme nous pensons que tous les lecteurs de *Brest-Touriste* voudront

Porte du Château *(cliché Villard)*

visiter la vieille forteresse brestoise, nous allons indiquer tout d'abord les démarches indispensables pour faire cette visite dans les conditions les meilleures.

Il est nécessaire de demander l'autorisation au major de la garnison ou à un adjudant de garnison ; les bureaux où l'on doit s'adresser sont dans l'intérieur même du Château.

L'un des hommes de garde au poste d'entrée conduit à ces bureaux, où l'on remet au solliciteur un bulletin dont voici la teneur :

*Le Vice-Amiral Commandant d'armes autorise M. X...
à visiter les remparts du vieux Château.*

Le Vice-Amiral Commandant d'armes,
P. O. Le Major de garnison :
(SIGNATURE)

La visite peut s'effectuer à toute heure de la journée, mais de préférence l'après-midi. Sa durée normale est d'environ une demi-heure ; et c'est M. Cadudal, gardien, qui sert de cicerone. (Pourboire facultatif).

On remarquera, dès l'entrée, que les troupes tiennent garnison dans le Château. Le nombre des soldats est d'environ trois cents, soit deux compagnies du 19ᵉ d'Infanterie ; une batterie du 18ᵉ bataillon d'Artillerie de forteresse ; un poste de marins pour le service du sémaphore du Parc-au-Duc. Les chevaux des officiers d'Infanterie, du Génie, d'Artillerie, sont également logés dans les dépendances.

C'est toute une population militaire qui vit là, et dans des conditions d'hygiène pas toujours parfaites. Il a fallu évacuer plusieurs fois ce casernement, et il est toujours question de l'abandonner définitivement.

LÉGENDES & HISTOIRE DU CHATEAU

Et maintenant, quelques notes d'après Fleury, Levot et Pilven :

Cette forteresse, dit Levot, occupe presque en entier le promontoire qui termine la rive gauche du port militaire. Les ouvrages dont elle se compose ont, dans leur ensemble, la forme assez symétrique d'un trapèze dont les côtés inclinés vers le cap sont baignés au Nord-Ouest

Siège social de la Société des Régates
BRASSERIE DE LA MARINE, 1ᵉʳ étage

par les eaux du port, et au Sud-Est par celles de la rade. Les deux autres côtés du trapèze sont perpendiculaires à l'axe du promontoire qu'ils traversent d'un bord à l'autre. A chaque angle de ce trapèze s'élève une très grosse tour. La plus remarquable, par sa masse et son enceinte, est le *Donjon* situé à l'angle le plus septentrional. Les autres tours sont la tour de la *Madeleine*, à l'Est ; la tour *Française*, au Sud, et la tour de *Brest*, à l'Ouest. A ces tours s'en relient d'autres et des ouvrages accessoires dont il sera parlé dans la description qui suit.

On accède dans la forteresse en traversant deux ouvrages extérieurs. Le premier est le grand ouvrage à redans désigné par Vauban sous le nom de *grande tenaille*, et par M. de Fréminville sous celui de *bonnet de prêtre*, ouvrage qui a pu être exécuté sur les plans de Villegaignon, depuis l'angle rentrant à droite jusqu'à la mer, du côté de la rade ; le surplus, à partir du même angle rentrant jusqu'au bastion de Sourdéac, est l'œuvre de César ou de Charles du Cambout (1630-1648). Cet ouvrage était anciennement entouré d'un chemin couvert que l'on traversait encore au xviii⁰ siècle sur un pont dormant et un pont-levis maintenant supprimés par le comblement du fossé. On entre ensuite dans le ravelin auquel d'anciens plans donnent le nom de *cornichon* ou de *moineau*. Cet ouvrage — qui couvre la principale entrée du Château proprement dit, et qui semble être la partie de la fortification construite en 1462, par Goulven de la Boexière, sous le nom de *boulevard* — cet ouvrage, disons-nous, était jadis couronné de mâchicoulis que Vauban fit raser et remplacer en 1689 par des embrasures à canon. Des casemates voûtées étaient pratiquées dans l'épaisseur de sa muraille. Il en existe encore trois ; les autres sont comblées par le terre-plein du ravelin. La porte ogivale de ce ravelin, à laquelle on arrivait autrefois par un pont-levis qu'a remplacé une arche en maçonnerie, était décorée des armes de France, entourées du cordon de Saint-Michel et surmontées d'une couronne ouverte fleurdelysée. Ces armoiries ont disparu, et le cintre ogival a été transformé en un arc de cercle très surbaissé.

De ce ravelin, on entre de plain-pied dans la forteresse, en traversant le portail édifié en 1464 par les soins d'Olivier Kervéat, portail composé, comme presque tous les ouvrages analogues du moyen-âge, de deux tours semi-circulaires en saillie sur le ravelin, entre lesquelles se trouve l'entrée principale, appelée autrefois *porte Royale*, et accompagnée d'un guichet. Cette porte était en plein cintre et ses voussoirs à crossettes, comme le sont encore ceux du guichet qui, seul dans cet édifice, est ogival. C'est de nos jours que, pour faciliter le passage du matériel de guerre, on a augmenté la hauteur de la baie

et transformé le plein cintre en un arc de cercle très surbaissé.
Au-dessus de cette double voûte, on remarque les créneaux où
logeaient les flèches des ponts-levis, et dans l'intérieur du passage
principal on voit encore l'emplacement d'une herse. Cette partie de la
fortification est une de celles qui ont le moins éprouvé de modifications
depuis l'invention de la poudre, car au sommet de la tour gauche,
comme à celui de la petite courtine centrale, on remarque les
mâchicoulis qui en défendent le pied, et au pourtour de la tour droite,
les consoles existent encore, mais sans supporter, comme auparavant,
le parapet qui a été reporté en arrière et au-dessus de la muraille de
cette tour avec laquelle elle ne forme plus aujourd'hui qu'une même
surface cylindrique.

A droite et à gauche du portail se voient, sur une même ligne, deux
demi-courtines aboutissant, celle de droite en entrant, au *Donjon*, et
celle de gauche à la tour de la *Madeleine*. Cette dernière était défendue
autrefois par trois tourelles qui ont été démolies vers 1689, vraisemblablement après la restauration par Vauban de la fausse-braie qui
règne au pied de cette demi-courtine. Celle de droite était également
défendue, d'après d'anciens plans, par des tourelles ; mais elles avaient
été démolies avant le premier voyage de Vauban à Brest (1683), avant
même le séjour de M. de Sainte-Colombe, qui n'en fait aucune mention
dans son mémoire de 1677. C'est à la base de ces deux courtines que
le Congrès de l'Association bretonne, tenu à Brest en 1855, a constaté
l'existence des vestiges de construction romaine.

Examinons maintenant, tant à l'extérieur qu'à l'intérieur, et aussi
succinctement que possible, les diverses tours et les ouvrages accessoires
composant, avec ceux qui précèdent, l'ensemble de la forteresse.

A l'extérieur, le plan de la tour de la *Madeleine* est un demi-cercle
en saillie sur la courtine à gauche du portail. Ce demi-cercle est
continué, du côté de la rade, par une tangente que termine un petit
flanc rectiligne en retour d'équerre aboutissant à la longue courtine
qui, de ce côté, va joindre la tour *Française* et concourt avec elle à la
défense de ce front. A l'intérieur, son plan est un rectangle parallèle à
la tangente dont nous venons de parler. Cette tour se compose de trois
grandes chambres superposées, dont la plus basse est voûtée, l'une
formant rez-de-chaussée, les deux autres inférieures. En 1689, Vauban
fit voûter le rez-de-chaussée et établir au-dessus la belle batterie qu'on
y voit encore, batterie dont la plate-forme est de niveau avec le terre-
plein de la courtine. Mais une particularité bien remarquable de cette
tour, particularité signalée par M. Pilven au Congrès de 1855, qui
reconnut la sagacité de ses observations, c'est que le massif de sa

muraille, extrémement épais, se compose de deux parties bien distinctes dont l'une appartient à une très ancienne tour de dimension moyenne ; l'autre, d'une plus grande épaisseur, semble avoir été ajoutée depuis l'invention de la poudre, afin d'augmenter la largeur du terre-plein et le développement du parapet de la batterie établie sur le pourtour de cette muraille, l'intérieur étant vide.

La tour *Française* est reliée à la précédente par une grande courtine assise sur l'escarpement du rocher qui borde la rade, et au milieu de laquelle se trouve une tour semi-circulaire et couronnée de mâchicoulis, maintenant masqués, ainsi que le parement de sa muraille, par une enveloppe cylindrique exécutée en 1821 pour dissimuler les ordures dont elle est naturellement couverte depuis qu'elle a été convertie en latrines pour le service de la garnison. La tour *Française* a à peu près, extérieurement, la forme d'une ellipse ayant sa plus grande longueur dans le sens de la courtine précédente où elle faisait légèrement saillie, tandis que, du côté du *Parc-au-Duc*, cette saillie, en demi-cercle, est fortement prononcée. Il existe, dans la partie la plus basse de cette tour, un très beau souterrain voûté qui a été transformé en citerne en 1825, et au-dessus on voyait une salle non voûtée, mais au sommet des murailles de laquelle se remarquaient les deux premiers rangs de voussoirs d'une voûte ruinée ou non achevée. Cette salle a été comblée en 1828, pour former le terre-plein de la batterie qu'on y a établie à la même époque, parce qu'on avait reconnu que la voûte de la salle inférieure n'était pas à l'épreuve de la bombe, et que d'ailleurs la largeur du terre-plein de l'ancienne batterie existant au sommet des murailles était beaucoup trop exiguë. Tout près de la tour *Française*, du côté de la rade, se voit, dans un petit enfoncement, une ancienne poterne à laquelle on accédait par un escalier dont l'entrée est située à l'intérieur de la place, près de la pompe. Cette poterne, dont le seuil est presque de niveau avec le sommet du rocher de l'escarpe, est surmontée d'un moucharaby sur consoles saillantes ou mâchicoulis. Dans la demi-courtine du *Parc-au-Duc*, entre la tour *Française* et la tour de *César*, est une porte charretière ouvrant sur ce parc, et percée, comme celle du portail, d'un petit guichet latéral. Chacune de ces issues avait son pont-levis à flèches.

La tour de *César*, ronde à l'extérieur, hexagonale à l'intérieur, se rattache à la place par deux ailes divergentes qui en font une sorte de réduit défensif et qui, comme la tour elle-même, sont couronnées de mâchicoulis. Les étages sont desservis par un escalier contenu dans une tourelle semi-circulaire, en saillie à gauche de cette tour. Les logements se composent d'un caveau, d'un rez-de-chaussée et d'un étage au-dessus duquel on a établi, en 1825, une plate-forme, en même temps qu'on a réparé les anciennes embrasures pour canon.

La tour de *Brest*, d'où l'on domine le port et son entrée, était vide et ouverte à la gorge. Vauban la fit voûter et fermer par un gros mur du côté de la place ; il y établit la magnifique plate-forme actuelle et refit les embrasures, qui étaient alors dans un délabrement complet. Elle est si solidement construite qu'en 1788 on put impunément l'excaver à sa base pour élargir le quai de la mâture. De cette tour on gagne le *Donjon* par une longue courtine formant un des grands côtés du trapèze. Jadis, une poterne placée dans le bas de cette courtine donnait accès dans l'ouvrage appelé le *Fer à cheval*, baigné par la mer, ainsi que la courtine elle-même, avant l'établissement du quai. De ce fer à cheval, démoli en 1788, mais dont on voit encore des vestiges, on pénétrait à l'intérieur du Château, dans un profond ravin où existaient une fontaine et des lavoirs, sur l'emplacement desquels on a établi plus tard des magasins pour le service de l'artillerie.

La tour d'*Azénor*, que l'on rencontre ensuite, doit son nom à une légende fort curieuse : celle des amours tragiques du comte Gaëlo, en Tréguer, et de la princesse Azénor, fille unique du prince de Léon, qui habitait alors le Château de Brest. Albert Le Grand, dans sa *Vie des Saints de la Bretagne Armorique*, narre cette légende en ce style pittoresque et amusant qui rend si attrayante la lecture de son œuvre. En ce temps-là, donc, le comte Gaëlo parvint, après moult démarches, à épouser la princesse qui, d'après le naïf chroniqueur, « estoit riche de taille, droite comme une Palme, belle comme un Astre. » Le mariage eut été prospère et les époux auraient coulé des jours tissés d'or, de soie et d'absolu bonheur s'il n'y avait pas eu la fâcheuse belle-mère. Déjà, et bien que l'humanité fût encore bien loin de l'électricité, des rayons X et de la télégraphie sans fil, la belle-mère sévissait dans toute son horreur. Celle de la princesse Azénor prit en grippe sa brue et comme, toujours d'après Albert Le Grand, « on ne saurait trouver une plus dangereuse hayne que celle des femmes contre les femmes, quand la jalousie s'est, une fois, emparée de leur cervelle », la marâtre parvint à persuader au mari trop crédule que sa femme pratiquait l'infidélité sur une vaste échelle. Fou de colère, l'époux qui se croyait outragé mais ne l'était point — car de tout temps les maris trompés seuls eurent la conviction de ne pas l'être — l'époux fit donc enfermer sa femme dans la tour qui porte encore son nom. Puis, et pour comble de cruauté, la princesse fut un beau jour placée dans un tonneau et jetée à la mer... Durant cinq mois, elle vogua de la sorte au gré des flots, lorsqu'un ange lui apparut soudain, apportant des vivres et des consolations. Sur ces entrefaites, la princesse mit au monde un enfant qui, à peine né, lui tint ce langage : « Consolez-vous, ma chère mère, nous ne devons rien craindre, puisque Dieu est avec nous ; nous sommes au terme de nostre voyage et proche du temps de la consolation que Dieu nous a promise par son ange. »

En effet, le tonneau miraculeux aborda à l'Aberfraw, sur la côte méridionale d'Irlande. Cet enfant n'était autre que saint Budoc, et ce prodigieux bébé annonça tout aussitôt à sa mère que son mari n'allait pas tarder à venir la retrouver. Ce fut encore prophétie réalisée. La rencontre des deux époux est racontée par Albert Le Grand avec un coloris du meilleur aloi :

... Encore que tant de misères et langueurs eussent beaucoup ruiné la première beauté de la comtesse, si est-ce que son mari la reconneut et, se laissant tomber sur son col, lui donna mille baisers amoureux, et la tenant ettroitement embrassée, versoit un déluge de larmes, ne pouvant quitter celle qu'il avoit tant regrettée et si longtemps cherchée : « Est-il possible, disait-il, que ce soit icy ma chère Azénor, que j'ay tant pleurée comme morte, et tant cherchée depuis notre triste départ ? Oseray-je bien regarder cette innocente, qui a trouvé son salut dans les abysmes, sa seureté dans la violence des tempestes, la furie des vents et les précipices des escueils ? Que, pour le moins, j'embrasse tes pieds, chère moitié, puisque je ne mérite de te regarder en face. »

La comtesse ne résista pas. La vie conjugale eut repris de plus belle si la mort ne fût venue interrompre cette nouvelle lune de miel... Cette légende de la tour d'Azénor ne valait-elle point d'être rappelée ? Elle est toute parfumée à la mode de Bretagne ; c'est un régal.

Reprenons maintenant la description du Château, d'après Levot :

La tour d'*Azénor* fait partie de l'enceinte du *Donjon* dont l'entrée, du côté intérieur de la forteresse, se trouve entre elle et une tourelle carrée, ou contre-fort défensif. A gauche, du côté du port, elle se rattache, par une petite courtine, à la tour au nord du *Donjon*, et du côté droit, le contre-fort se relie aussi par une courtine à la tour du *Midi*, baptisée récemment du nom de tour de la *duchesse Anne* par le *cicerone* qui guide les touristes dans la forteresse, parce que, dit-il, la princesse l'aurait habitée lorsqu'à l'occasion d'un de ses pèlerinages au Folgoat elle poussa jusqu'à Brest.

Considéré dans son ensemble, le réduit aujourd'hui désigné sous le nom de *Donjon* formait ce qu'on appelait, du temps de Vauban, le *vieux Château*, et comprenait les trois tours dont nous avons parlé en dernier lieu. Isolé du corps de place par un fossé profond qu'on traversait sur un pont-levis, il tenait lieu d'une sorte de citadelle servant, suivant les circonstances, d'habitation ou de refuge aux gouverneurs et à leur suite. Dominant les autres ouvrages, il pouvait, ou contenir les habitants, ou repousser les premières attaques d'un ennemi parvenu à occuper le principal corps de place. Vauban réunit la tour du Nord et celle du Midi par un mur de face et une voûte en berceau sur laquelle il établit la belle plate-forme qu'on voit aujourd'hui. L'architrave de la porte d'entrée du vieux Château est brisée dans son milieu par un angle très obtus, et au-dessus de cette partie, à droite du trumeau séparant les créneaux des flèches, on voit encore la silhouette d'un lion assis qui supportait les armes de Bretagne.

Après avoir franchi douze marches, on se trouve dans la cour du *Donjon*, dont le sol est conséquemment plus élevé que le sol extérieur. A droite est la tour du *Midi*, contenant les appartements qu'occupaient les capitaines ou gouverneurs, les agents des ducs, etc. L'escalier de cette tour conduit à des galeries souterraines sur lesquelles s'ouvrent plusieurs cachots, notamment ces fameuses oubliettes, situées sous l'ancien *Donjon* ou tour du *Nord*, et dont l'exhibition est d'ordinaire accompagnée de récits plus ou moins émouvants ; elles formaient, à l'origine, l'unique souterrain, les autres galeries ayant été établies aux dépens du rez-de-chausée. aujourd'hui remplacé par le premier étage. A gauche de la cour est le perron qui conduit au terre-plein du bastion commencé, vers 1560, par Pietro Fredance, et terminé, vers 1597, par Sourdéac dont il a pris le nom. Ce bastion, de forme ordinaire, enveloppe le *Donjon* et s'appuie, du côté du port, sur la petite courtine joignant la tour d'*Azénor* ; du côté opposé, il rejoint la tour du *Midi*. Il est couronné d'embrasures, et sous son terre-plein se trouvent des galeries de contre-mines, en parties creusées dans le roc, et communiquant aux casemates existant sous ses deux flancs. On y descend par un large escalier situé au pied et en avant de la façade principale du grand corps de bâtiments actuel.

Ce serait dans la tour située au milieu du bastion de Sourdéac, et à l'extrémité septentrionale du *Donjon*, qu'aurait été trouvée, d'après quelques archéologues, la médaille romaine dont parle le chanoine Moreau. Rien dans le texte de cet historien ne permet de supposer que ce soit dans cette tour plutôt que dans celle de *César* ou toute autre que cette médaille fut trouvée. Cette tour, par son mode de construction et son état de vétusté, annonçait, avant sa restauration récente, une date antérieure à celle du bastion, d'où il faut conclure qu'elle n'a point été refaite en 1597. Elle figure d'ailleurs sur un plan du milieu du xvi° siècle existant à la Bibliothèque impériale dans le volume *Finistère* du recueil intitulé : *Topographie de la France*, plan dont M. Pilven a pris un calque. Elle y occupe le milieu du bastion qui, lui, n'y est tracé qu'en projet. Pour nous, par conséquent, la question de savoir dans quelle tour a été trouvée la médaille est insoluble.

Des diverses tours du Château, les plus anciennes semblent être celles de *César* et d'*Azénor*, que l'on peut reporter à la fin du xii° siècle ou au commencement du xiii°. De même style, elles ne diffèrent que par la nature de la maçonnerie, très rustique dans la première, très soignée dans la seconde. Cette différence s'explique par leur destination respective. La tour d'*Azénor* servait d'habitation aux seigneurs, et celle de *César*, simple ouvrage défensif, était affectée au logement d'une partie de la garnison. Une autre tour peut cependant être regardée comme contemporaine des deux précédentes ; c'est la petite tour semi-circulaire adossée à la face postérieure du *Donjon*, du côté du *Parc-ar-Cornou* ; sa vétusté relative autorise même à la considérer comme antérieure. Les autres tours ne remontent pas au delà de la première moitié du xv° siècle.

Certaines modifications intérieures ont été apportées durant le xviii° et le xix° siècle à la cour du Château : on y a notamment construit, pour le logement des troupes, les casernes de *César*, de *Monsieur* et de *Plougastel*, cette dernière pourvue d'une horloge.

Au mois de novembre 1832, dit Levot, en faisant des réparations aux magasins de l'Artillerie, on mit les souterrains à découvert et l'on constata qu'ils se composaient de deux vastes et profondes galeries parallèles entre elles et la courtine longeant le quai de la mâture, voûtées en plein cintre, à une hauteur d'environ sept mètres, et séparées par un mur longitudinal dans lequel étaient percées deux ouvertures. Diverses inscriptions qui se lisaient sur les parois des murs démontraient que des prisonniers anglais avaient, pendant la guerre de la Succession d'Autriche (1740-1748), été enfermés dans ces galeries servant aujourd'hui de magasins.

Pendant la Révolution et sous la Terreur, le Château servit de prison à cinquante-quatre détenus, et notamment aux vingt-six administrateurs du Finistère, qui furent guillotinés le 20 mai 1794 sous son ombre. En 1870, une grave explosion se produisit dans les bâtiments occupés par les services de l'Artillerie, bâtiments que l'on désigne sous le nom générique d'« Arsenal ». Elle survint au cours de la manipulation des poudres. Il y eut quelques blessés, mais la panique en ville fut énorme. Beaucoup d'habitants se sauvèrent, se précipitant vers les portes pour gagner la campagne... Il y eut, heureusement, plus de peur que de mal.

Ajoutons, pour terminer, que le Château a servi de prison civile jusqu'à la construction de la prison du Bouguen actuellement en service.

L'ARSENAL

L'Arsenal est la raison d'être de Brest. Il en est aussi le foyer d'activité industrielle et guerrière. Dans le monde entier, on parle de l'Arsenal de Brest comme on parle de celui de Portsmouth. D'innombrables canons, de formidables batteries en défendent les approches et il est généralement considéré comme imprenable.

Visiter cette gigantesque usine où six mille hommes travaillent sans relâche à la construction et aux réparations

Rive droite de la Penfeld en 1742

des vaisseaux de guerre est l'un des principaux objectifs du touriste. Nous avons dit d'autre part (pages 22, 23 et suivantes) quelles furent ses origines et ses transformations depuis Richelieu.

La photogravure ci-dessus montre, d'après un dessin d'Ozanne, quel était l'aspect de la rive droite de la Penfeld en 1742, date de la construction de la première forme de radoub de Pontaniou, par l'ingénieur Blaise Ollivier. On voit que là où s'élèvent aujourd'hui de vastes ateliers, où règnent une activité de tous les instants, un mouvement perpétuel d'hommes et de machines, s'étendaient, il y a cent soixante ans, des terrains vagues qu'il fallut attaquer de toutes parts, remuer, bouleverser de fond en comble.

Pour visiter l'Arsenal, une autorisation est nécessaire. Elle s'obtient facilement, à condition de se conformer aux formalités suivantes :

Un bureau est ouvert de neuf heures à onze heures du matin, tous les jours, sauf le dimanche, dans le bâtiment de l'Ecole d'hydrographie (dernière maison de la Grand'Rue à droite en allant vers la porte Tourville). Là, sur la présentation d'une pièce d'identité quelconque, carte d'électeur, livret militaire ou autre, un officier délivre au postulant un billet dont voici la teneur :

ARRONDISSEMENT MARITIME — N°

RÉPUBLIQUE FRANÇAISE

MARINE NATIONALE

PORT DE BREST

Il est permis à M   , porteur de la présente, d'entrer dans le port pendant la journée.

Brest, le   190

Le Major de la Marine.

Une fois muni de ce billet d'entrée, le visiteur se présente à la grille de la porte Tourville, où un matelot reçoit la consigne de l'accompagner à travers l'arsenal et suivant un itinéraire déterminé. Cet itinéraire fixé par les autorités du port est sans doute intéressant ; néanmoins, les personnes qui auront la chance de connaître un officier de Marine feront beaucoup mieux de prier celui-ci de leur servir de cicerone ; elles entreront sans avoir besoin de solliciter l'autorisation dont il est parlé plus haut, et elles pourront tout voir, excepté les quelques coins rigoureusement interdits aux profanes.

Si, du haut du pont National, on contemple l'ensemble de l'Arsenal, on aperçoit une immense et double rangée de bâtiments disposés en amphithéâtre sur les deux bords de l'étroite mais profonde et sinueuse rivière qu'est la Penfeld et dont l'estuaire forme le Port de Guerre.

Ces bâtiments, dont une grande partie remonte au xviiie et même au xviie siècle, sont presque tous édifiés en granit, ce qui, aujourd'hui, est considéré comme un luxe hors de saison pour des ateliers que l'industrie moderne construit au contraire très légèrement en briques ou en planches, réservant le meilleur de ses ressources pour l'outillage et le matériel qu'ils abritent.

Certains des édifices en granit de l'Arsenal présentent même un aspect architectural qui n'est pas dépourvu d'une sévère harmonie, tels le *Magasin général* et l'*ancien Bagne*, dont il sera question plus loin et que l'on découvre parfaitement, dans leur ensemble, du haut du *pont National*.

Mais, revenons à la grille de l'Arsenal (porte Tourville), qui se trouve au bas de la Grand'Rue, et fixons l'itinéraire :

LA RIVE GAUCHE

Dès l'entrée, on trouve une première forme de radoub (dite *forme de Brest*) où l'on échoue les bâtiments à sec, pour y recevoir les réparations éventuelles ou les carénages périodiques dont ils ont besoin. Un pont roulant métallique, mû par des machines à air comprimé et sur lequel passe la voie ferrée, franchit l'entrée de cette forme. En la contournant, on arrive devant l'*atelier des torpilles* et les bureaux de la *Direction des défenses sous-marines*.

Remontant ensuite la rive gauche de la Penfeld, le visiteur rencontre successivement :

L'*esplanade du Magasin général*, décorée, à l'une de ses extrémités, de la statue d'*Amphitrite*, par Coysevox, et, à l'autre extrémité, de la *Consulaire*, pièce de canon en bronze provenant de la prise d'Alger, et fondue en 1542

par les Vénitiens (longueur six mètres soixante-trois).
L'ancien *Magasin général*, bâtiment de cent soixante
mètres de façade, construit en 1745, avec son pavillon
central décoré d'un beau fronton sculpté dorique et ses
deux pavillons extrêmes, l'un au sud, avec les bureaux du
contre-amiral major général (commandant militaire de
l'Arsenal) et du *directeur des Mouvements du port*, et la tour
de l'*Horloge* ; l'autre, au nord, abritant les bureaux du
Service administratif de la Flotte et du *contrôleur général*.
Le portail central de ce vaste bâtiment donne accès à la
salle principale de dépôt, où les fournisseurs livrent leurs
marchandises pour y être visitées avant réception, ainsi
qu'à divers magasins d'habillement et de casernement.

Voici maintenant une rampe conduisant du quai à
l'ancien Bagne, qui mérite une description toute spéciale.

LE BAGNE

Vaste bâtiment à l'aspect plutôt triste, au toit couvert d'ardoises
verdies sous les autans, aux murs blanchis à la chaux et percés de
fenêtres à petits carreaux, le Bagne inspire dès l'abord un vague
sentiment de stupeur.

Un perron précède la porte centrale de ce bâtiment, au-devant
duquel s'étend une large cour froidement pavée et où l'herbe pousse.
Au-dessus de l'entrée, une date :

1750

Nous voici au Bagne ! Vieille et redoutable bâtisse qui, depuis 1750
jusqu'en 1857, abrita des criminels de tout acabit et fut le témoin de
désespoirs inouïs, de douleurs et de drames indicibles. Un bagne !
Le mot seul fait frémir. Et lorsqu'entré sous la sombre voûte, vous
pénétrerez dans cette tombe obscure et humide où tant d'êtres humains
expièrent leurs crimes, le frisson se changera en inquiétude secrète.
A la pensée que des hommes purent vivre là des vies entières, rivés à
des chaînes, traités plus durement que les animaux, condamnés aux
plus pénibles travaux, impuissants à faire entendre une plainte, courbés

sous la menace constante des coups et de la mort violente au moindre signe d'impatience ou de colère, abimés dans la résignation stupide qu'implique l'impossibilité même d'un espoir quelconque, d'un pardon, d'une libération — à l'idée que des centaines et des centaines de condamnés respirèrent cette atmosphère viciée et saturée de microbes séculaires, le visiteur sent naître en soi, devant ces cachots, ces cellules, ces geôles, ces salles immenses comme des places publiques, qui constituent la distribution intérieure de l'antique dépôt des forcats, un malaise véritable et comme une angoisse.

Tout de suite, sous le porche haut à l'égal de celui de quelque cathédrale, les barreaux de fer, les grilles, les cadenas gigantesques avec leurs clefs pesantes. Remarquez la porte basse grillée, sur la gauche : elle s'ouvre sur un couloir obscur où l'on ne saurait pénétrer sans bougie. C'est ici, au fond, que se trouve la cellule où étaient enfermés les condamnés à mort. Avant de parvenir jusqu'à cette sorte de tombeau où il était emmuré vivant, l'homme qui devait bientôt avoir la tête tranchée avait franchi le corridor noir et passé sous la guillotine, conservée là en permanence et placée en l'air sur des madriers : arc de triomphe funèbre et stupéfiant ! L'horrible bois de justice était pour ainsi dire à portée de la main du « moribond », et la légende raconte que l'un de ces infortunés eut, une nuit, l'idée diabolique de s'exécuter lui-même durant que sommeillaient les gardes-chiourme dans le poste d'à côté. Après avoir réussi à sortir du cachot, le forçat était déjà parvenu à décrocher l'infernale machine quand un grand bruit se fit dans ces murailles réveillant tout le monde et l'empêcha de mettre son projet et... sa tête à exécution. L'original y gagna d'être raccourci le lendemain matin sur le pavé glissant de la cour d'en face, en présence de tous ses camarades de chaîne, à genoux, comme c'était l'usage, devant la mort et le bourreau !

Toutes les cérémonies de ce genre spécial se déroulaient, du reste, en cet endroit. Les têtes allaient ensuite orner les rayons du musée d'anatomie de la rue Fautras, où elles sont encore pour la plupart. (Voir page 79).

Des quatre bagnes de France, celui de Brest était le plus important. Construit en 1748 par l'ingénieur Choquet de Lindu, il fut terminé en 1752.

M. H. Dein nous en a laissé une description intéressante. L'édifice mesure cent quatre-vingts pieds de long. Un pavillon s'élève à chaque extrémité et au centre. Le bâtiment se divise en six grandes salles superposées, ayant chacune cent mètres de longueur sur quatorze mètres cinquante de largeur : deux salles au rez-de-chaussée, deux au premier étage et deux dans les combles.

Toutes les salles sont commandées par le pavillon du centre. De ce pavillon, la surveillance s'exerçait au travers d'une vaste grille de fer qui fermait l'entrée de chaque salle, et on pouvait opérer une répression immédiate, en cas de révolte, au moyen d'embrasures qui recevaient la mousqueterie et l'artillerie suffisantes pour enfiler toute l'étendue des salles.

Les salles étaient partagées, dans toute leur longueur, par un mur de refend qui, de quatorze en quatorze pieds, était percé d'une large ouverture en arcade, correspondant à une fenêtre et facilitant la circulation de l'air, que l'on avait besoin de renouveler fréquemment.

Dans l'épaisseur de ce mur étaient pratiquées les cuisines, fontaines, tavernes enfermées de grilles. Il y avait aussi des lieux d'aisances, auxquels les condamnés pouvaient parvenir sans quitter leurs chaines.

Les lits de camp ou *tolards* étaient appuyés au mur de refend, de chaque côté, de manière à laisser entre eux et le mur extérieur un couloir où circulaient les gardes et les condamnés.

Les salles étaient éclairées pendant la nuit ; chacune pouvait contenir six ou sept cents hommes ; les lits de camp en recevaient vingt-quatre. Tous les soirs, les condamnés y étaient enchaînés à la grande chaîne qui parcourait toute la longueur de la salle. Le matin, au moment du départ pour les travaux, on les détachait, mais on les laissait enchaînés par couples.

La population du bagne de Brest a toujours été de trois mille forçats environ, appartenant à toutes les classes de la société, depuis les prêtres jusqu'aux laboureurs. De même qu'aux bagnes de Toulon et de Rochefort, la classe des cultivateurs et celle des terrassiers présentaient les chiffres les plus élevés.

La preuve en est dans les statistiques judiciaires.

En 1843, sur 6.908 condamnés qui formaient la population des bagnes, 4.128 ne savaient ni lire ni écrire — 2.102 savaient lire et écrire imparfaitement — 650 savaient bien lire et bien écrire — 114 seulement avaient une éducation supérieure à celle que l'on reçoit dans les écoles primaires.

Le bagne de Brest a eu ses martyrs politiques. Il y avait encore en 1840, au bagne de Brest, dix-huit condamnés politiques.

L'Empire fit en un seul jour l'envoi de cinq cents hommes au bagne de Brest. Quel était leur crime ? Le livre d'écrou le dit nettement : ils avaient combattu contre la France. C'étaient cinq cents prisonniers de guerre du général Schiller. Un sergent français, qui faisait partie de l'escorte, faillit être fusillé pour avoir dit qu'il « était grenadier et non gendarme, ni garde-chiourme ».

Le bagne de Brest avait une autre particularité, d'un ordre différent, mais non moins curieux : la *salle des invalides*, spécialement affectée aux condamnés accablés par l'âge et les infirmités — salle qui n'existait ni à Rochefort, ni à Toulon.

Cette salle devait offrir le plus horrible, le plus douloureux spectacle, si nous en croyons M. H. Dein. C'était un assemblage confus de vieillards impotents, d'estropiés, d'amputés, de fous, que le désespoir, le remords ou la rage avaient plongés dans cet abrutissement.

L'un vous abordait en riant, en chantant — c'était un parricide ; un autre, triste et souffrant, avait préféré ce séjour à la liberté, car n'ayant plus de famille et ses bras n'étant plus robustes pour le travail, on l'eût repoussé de partout ; au bagne, du moins, il avait du pain ! du pain moins amer que celui d'une aumône accompagnée d'injures. Un autre, que la folie n'avait pas atteint, se tordait dans les convulsions du désespoir.

Quelle vieillesse, quelle désolation ! Un célèbre médecin, ajoute M. Dein, disait, au mois de janvier 1839, en visitant cette salle : « J'ai vu Jaffa, la Moskowa, Waterloo. Je n'ai rien vu d'aussi horrible. »

Les autres salles n'offraient pas un aspect moins horrible, moins dégoûtant pour le visiteur qui venait contempler, étudier les maudits rivés à leurs chaînes.

Et si le hasard vous mène au bureau de l'excellent M. Nédellec, magasinier du corps des comptables, vous trouverez en cet agent le meilleur et le plus documenté des guides. Et il faut avoir un cicerone au milieu du labyrinthe de cet enclos diabolique. M. Nédellec vous montrera les chambres où couchaient les forçats, encore pourvues de leurs lits de camp. Il reste, accrochés aux murailles de ces dortoirs, quelques spécimens des carcans et autres engins de torture qui servaient à maintenir le pensionnaire de ces établissements pénitentiaires dans l'observation stricte d'une discipline rigoureuse. On voit aussi, aux angles des chambres, des fenêtres grillées, sortes de meurtrières au travers desquelles était ménagé l'espace nécessaire au passage de la gueule d'un canon. Jour et nuit, le forçat avait ainsi la menace permanente de la mitraille devant les yeux. Il ne pouvait pas esquisser le moindre geste de révolte sans s'exposer à être immédiatement écrasé, pulvérisé.

Au deuxième étage, dans les combles, se trouvaient la chapelle et la forge. On voit encore dans la forge une rosace en fer forgé d'un travail très curieux, et qui est évidemment l'œuvre des forçats. Pour parvenir à la chapelle, il faut suivre un couloir sur lequel s'ouvrent, à droite et à gauche, des portes de cellules ou cachots et dont le milieu est occupé par les poutres maîtresses de la construction. Bien que tout cela semble délabré au premier chef, le bois est encore solide et la charpente peut défier le temps. La chapelle, dont les toits forment le dôme, pouvait contenir cinq ou six cents personnes. L'aspect des poutres et de l'agencement des charpentes est saisissant et donne une haute idée des conceptions architecturales de M. Choquet de Lindu, auteur des plans du bagne de Brest. C'est comme une forêt ! vous dira le guide en vous montrant ces alignements d'énormes poutres qui partagent par moitié l'ancienne chapelle. L'entrée est pourvue d'une grille qui, lors du séjour des forçats et durant les offices, était soigneusement cadenassée. Comme dans les chambres-dortoirs, nous retrouvons pratiquée dans cette grille la petite ouverture par laquelle passait la gueule du canon destiné à écraser les rebelles qui, même en priant Dieu, eussent eu des velléités de mutinerie.

Pour égayer la monotonie, ou plutôt pour atténuer l'horreur indicible de leur existence, les forçats se livraient à certains travaux d'art dont il reste encore des vestiges au bagne de Brest. Ces vestiges consistent en quelques petits bateaux miniatures, en tableaux peints à l'huile et représentant l'arrivée d'un prisonnier dans la diligence affectée à ce service spécial, et quelques autres menus objets de sculpture ou de menuiserie.

Les locaux occupés autrefois par les condamnés sont affectés aujourd'hui aux stocks de mobilisation de l'armée coloniale. Il y a là des monceaux de capotes, de képis, de trompettes, de gamelles, de sacs, de pantalons, de souliers, tout flambants neufs et qui serviraient à équiper nos marsouins le jour où la guerre serait déclarée. Des portes spéciales, des passerelles permettraient d'apporter tout ce fourniment aux régiments intéressés, sans perdre une minute.

L'entretien de ces stocks considérables d'effets exige, on le pense bien, un soin de chaque heure. De nombreux employés visitent et « poivrent » les uniformes que menace l'implacable vermine. Si vous pénétrez dans l'une des pièces où se pratique ce « poivrage », vous serez saisi à la gorge et au nez par la poussière volante de l'excitante pipéracée.

A ce propos, une anecdote assez croustillante nous est contée :

Autrefois, on employait la naphtaline et le camphre pour antiseptiser les effets de mobilisation. Les ouvriers occupés à cette besogne ne tardèrent pas à remarquer que leurs aptitudes... conjugales diminuaient en raison directe de la somme de travail fournie au magasin d'habillement. Leurs ménages étaient frappés de stérilité. Comme ces braves opérateurs sont assez nombreux, le bruit de leur inexplicable mésaventure fit le tour de l'Arsenal, puis de la ville elle-même. Les femmes, surtout, s'amusèrent de cette histoire. Bref, la chose vint aux oreilles de l'autorité supérieure, laquelle ordonna une enquête. Le directeur du service de Santé et le pharmacien en chef, après en avoir délibéré, décidèrent que la manutention continuelle du camphre était la cause certaine du mal, et, par un trait de génie, décrétèrent que le poivre, autre antiseptique fameux et excitant notoire, serait désormais substitué au naphtol. L'effet ne se fit pas attendre. Quelques jours après, les ouvriers des stocks de mobilisation avaient repris leur mine guillerette et heureuse ; les femmes ne les tournaient plus en dérision. Leurs enfants poussèrent comme des champignons, si bien que M. Piot lui-même, cet apôtre dévoué de la repopulation, pourrait venir utilement au bagne pour y chercher de précieux enseignements...

Sortons du bagne sur cette anecdote folâtre autant que véridique !

Dans les arsenaux, les forçats étaient occupés à tous les travaux, mais surtout aux plus pénibles. Ils ont creusé la Penfeld et les bassins de Pontaniou. Ils ont bâti la plupart des constructions où sont installés les différents services.

VOILERIE, PAVILLONNERIE, CORDERIE

Tout proche de l'ancien bagne sont les ateliers de Voilerie, Pavillonnerie et Corderie.

Ces ateliers, dits, à l'exception de la Corderie, ateliers d'armement, dépendaient, il y a vingt-cinq ans, de la direction des Mouvements du Port, dont les attributions à cette époque ressemblaient beaucoup à celles du groupe Flotte actuel. Ces attributions embrassaient, en effet, en plus des mouvements des navires, leur armement et l'entretien de leur matériel consommable.

Voilerie, Garniture. — A cette époque, les machines actionnaient déjà nos navires de guerre, mais les mâtures et voilures existaient dans les mêmes conditions qu'autrefois. Toutefois, peu à peu, les machines se perfectionnèrent et les voiles disparurent.

C'est donc dans un délai de moins de vingt années que les ateliers de la Voilerie et de la Garniture ont subi leur décadence progressive et parallèle.

Les effectifs de ces deux ateliers expriment bien leur déchéance : dans ce laps de temps le nombre des ouvriers est passé, pour la Voilerie, de deux cent vingt à trente ; pour la Garniture, de cent à vingt-cinq.

Les travaux de voilerie et de gréement sont arrivés aujourd'hui à leur minimum d'importance. Ils ne comprennent, pour la Voilerie, que la confection d'abris : tentes, tauds, capots et rideaux de carène, et pour la Garniture que des installations d'apparaux pour l'ensemble des services de l'Arsenal et les gréements réduits de nos bâtiments modernes.

Le port de Brest est chargé de l'instruction préparatoire des gabiers-voiliers qui remplacent les voiliers à bord des bâtiments. Entre les heures du cours qui leur est professé, ces marins travaillent à l'atelier.

Pavillonnerie. — L'atelier de la Pavillonnerie doit sa décadence à la séparation des divers services de la Marine, à la passation des marchés avec l'industrie privée pour certains travaux, et aussi au rattachement des troupes coloniales à la Guerre.

Cet atelier s'occupait, en outre de ses travaux actuels (pavillons, tapisserie, matelasserie), de l'entretien du matériel de couchage des troupes de la Marine.

Il avait alors de l'importance, tant au point de vue du personnel qu'au point de vue des matières employées. Aujourd'hui, tous ces travaux s'exécutent encore à la Pavillonnerie, mais très souvent l'atelier n'en a que la surveillance. D'une part, en effet, la Marine passe avec des particuliers des marchés pour certaines confections, et, d'autre part, quand il s'agit de travaux pour les troupes coloniales, les matières sont fournies par ce corps.

Aussi, le nombre d'ouvriers a subi dans cet atelier une réduction énorme. De quatre-vingts ou cent, il est tombé à vingt-cinq.

En dehors de l'atelier, les ouvriers de la Pavillonnerie ont à exécuter des travaux d'aménagement et de décorations diverses à bord des bâtiments.

Perspective de l'Arsenal du haut du pont National

Depuis quelques années, en raison des visites d'escadre à escadre et des voyages officiels du Chef de l'État, une équipe de cet atelier s'est spécialisée dans les travaux d'installations décoratives.

Les matières employées pour l'ensemble de ces trois ateliers sont importantes et très diverses ; voici quelles sont les principales :

Pour la Voilerie : les toiles diverses donnent lieu à une consommation d'environ deux cent mille mètres ; pour la Garniture : les cordages en acier, d'une consommation annuelle d'environ trente mille kilogrammes ; pour les cordages en chanvre, un poids approximatif de cent mille kilogrammes ; pour la Pavillonnerie, les étamines de toutes couleurs (environ soixante mille mètres).

Corderie (galerie de quatre cents mètres de longueur sur douze mètres de largeur). — Ce n'est plus ici un atelier d'armement : la Corderie est un atelier de confection, une véritable usine qui pourvoit aux besoins en cordages des ports et établissements maritimes.

Les fils de caret nécessaires à ces confections sont fournis par l'industrie privée.

L'atelier les transforme en cordages de toutes espèces : depuis celui de deux fils jusqu'à celui qui en compte trois mille huit cents ! Pour ce dernier, le poids du mètre est d'environ quarante kilogrammes et son prix de quarante francs. La force de résistance de cette pièce monstrueuse est au moins de deux cent mille kilogrammes.

L'importance de la fabrication annuelle en cordages est voisine de un million de kilogrammes.

En plus des cordages proprement dits, c'est-à-dire de ceux qui sont obtenus au commettage, l'atelier fabrique aussi des lignes de cordonnet, des tresses, etc. Il possède à cet effet des machines-outils très perfectionnées, dont le mouvement est très curieux et très intéressant pour les visiteurs.

Il reste peu de place au travail manuel, et malgré l'importante production de l'atelier de la Corderie on n'y compte guère plus de cinquante à soixante ouvriers.

L'Ecole de Maistrance, située près de l'atelier de la Corderie, est destinée à former les surveillants techniques. Elle se recrute parmi les meilleurs ouvriers. Le promeneur remarquera ici que la Penfeld qui, depuis le Magasin général, s'est infléchie en un immense demi-cercle, fait soudain un coude de quatre-vingt-dix degrés et tourne brusquement au Nord-Est.

LES ATELIERS A BOIS

Depuis une dizaine d'années, on a groupé en un seul, sous le nom d'Ateliers à bois, tous les ateliers, petits ou grands, où l'on travaillait le bois. Il comprend : le Charpentage, le Perçage, la Scierie mécanique, la Recette du bois, la Poulierie, les Grosses Œuvres, la Menuiserie, la Sculpture, les Chaloupes et Canots, la Tonnellerie, l'Avironnerie et la Mâture.

Chacun de ces ateliers avait autrefois son autonomie, mais le fonctionnement était dispendieux ; c'est la raison qui a conduit à leur fusion en un seul groupe ; on a pu obtenir ainsi une forte diminution des frais généraux.

Il y a une quarantaine d'années, le Charpentage était sans contredit le plus grand des ateliers du port. Plus de deux mille ouvriers y étaient occupés, tant à la construction des navires de la flotte, qui étaient en bois, qu'à leur réparation et à leur refonte. Il a perdu toute son importance depuis que les navires se font en fer et en acier, ce qui a conduit à créer un nouvel atelier de construction, celui des Bâtiments en fer.

Il ne reste plus aujourd'hui qu'un petit noyau d'ouvriers charpentiers, qu'on emploie à l'entretien du matériel flottant en bois qui existe encore et les ponts de passage, d'armement, les pontons, radeaux, etc.

Le Perçage a subi le sort du Charpentage, dont il n'était d'ailleurs qu'une annexe ; en effet, les perceurs liaient entre elles les différentes pièces que travaillaient les charpentiers ; le perceur était donc bien l'aide indispensable du charpentier.

L'abandon des constructions en bois a fait nécessairement perdre à la Scierie mécanique une grande partie de son importance. Autrefois, le personnel de cet atelier et celui qui était occupé aux visites et recettes du bois formaient un effectif de plus de quatre cents hommes ; aujourd'hui, cet effectif est descendu à moins de cent ouvriers.

La Poulierie a suivi le sort des ateliers dont nous venons de parler. La suppression des anciennes mâtures, dans les navires modernes, a amené une diminution très sensible du nombre de poulies et le personnel de cet atelier qui, autrefois, était de plus de cent cinquante ouvriers, n'est plus, aujourd'hui, que d'une trentaine.

Les Grosses Œuvres, c'est-à-dire l'atelier où l'on construisait les gouvernails et les cabestans en bois, ainsi que leurs accessoires, n'existent plus qu'à l'état de souvenir. Les dix ouvriers qui restent des quatre-vingts dont se composait l'effectif d'autrefois, ne font plus que quelques réparations aux rares cabestans et gouvernails en bois qui existent encore ; on les emploie maintenant aux travaux de charronnage.

La Menuiserie compte encore plus de cent ouvriers, mais son importance a diminué de plus de moitié à cause de l'introduction de machines-outils, des commandes que l'on adresse actuellement à l'industrie privée, pour les objets d'ameublement, et, enfin, parce qu'il y a beaucoup moins de menuiserie à bord des navires en fer qu'à bord des navires en bois.

La Sculpture ne compte plus que deux ouvriers alors qu'autrefois, au temps où l'on ornait l'avant des navires en bois de bustes allégoriques et que l'arrière comportait des motifs d'ornementation, cet atelier occupait un nombre considérable d'ouvriers. Les deux sculpteurs qui restent sont employés à sculpter des écussons, la devise de la Marine : « Honneur et Patrie », et quelques motifs de décorations pour les carrés d'officiers.

Les Chaloupes et Canots n'occupent plus que cinquante ouvriers environ, employés aux réparations et refontes des embarcations, tant à vapeur qu'à rames. On y construit rarement des embarcations neuves, on s'adresse pour ces travaux à l'industrie privée, de sorte que cet atelier a, lui aussi, beaucoup perdu de son importance, puisqu'il occupait, autrefois, plus de cent cinquante ouvriers.

La Tonnellerie, comme la Sculpture, a à peu près disparu. Aujourd'hui, il n'y a plus que quatre ouvriers pour la réparation des objets de tonnellerie en usage dans le port. Des marchés pour la fourniture de la tonnellerie sont passés, et l'industrie privée est chargée d'approvisionner les magasins.

L'Avironnerie est toujours importante, parce que les canots à rames sont restés, à peu de chose près, ce qu'ils étaient dans l'ancienne flotte ; douze ouvriers y travaillent d'un bout de l'année à l'autre et à l'aide de deux machines, dont l'une tourne le bras et la poignée de l'aviron, et l'autre façonne la pale, ils peuvent arriver à mener leur tâche à bien.

C'est ici le moment de dire que le port de Brest est fournisseur de tous les ports et établissements coloniaux en avirons et en objets de pouliage.

La Mâture n'est plus que l'ombre d'elle-même. En effet, dans la flotte moderne, les anciennes mâtures sont remplacées par des mâts de flèches et de signaux, dont les diamètres sont bien moindres ; de là, une forte diminution dans l'importance des travaux et dans le personnel, qui n'est plus que d'une douzaine d'ouvriers, suffisant cependant à exécuter tout ce qui se présente.

Il reste maintenant à parler des bois mis en œuvre dans les différents ateliers du groupe. Les principales essences employées sont : le chêne de France ; le merrain ; le sapin de France, de Suède et Norwège, de Russie ; le pin des Florides et de l'Orégon ; l'orme de France et du Canada ; l'acajou de Honduras ; l'accacia ; le noyer de France ; le frène de France et d'Amérique ; le teck de Bangkok ; le gaïac ; le buis ; le chènevert et le cormier.

Le chène est généralement employé pour les membrures, le bordé, la carène, les tins des formes de radoub, et aussi pour quelques travaux de menuiserie. Le merrain, pour les travaux de tonnellerie et de menuiserie. Le sapin de France, pour les clés et les accores ; ceux de Suède et Norwège et de Russie, pour les clés et accores, mais surtout ils sont employés aux travaux de menuiserie. Les pins des Florides et de l'Orégon servent pour le charpentage, le bordé des ponts et le bordé des carènes d'embarcations, et aussi beaucoup pour les travaux de menuiserie. L'orme de France est surtout employé dans les travaux de pouliage, de charronnage et pour les membrures d'embarcations : l'orme du Canada sert aussi pour les travaux d'embarcations et de menuiserie. L'acajou de Honduras est beaucoup employé pour l'ébénisterie, la menuiserie et la sculpture. L'acacia sert à faire des gournables ou chevilles de cinquante centimètres à un mètre de longueur pour la liaison de certaines pièces de charpente. Le noyer de France est surtout employé pour la menuiserie et l'ébénisterie. Le frène de France sert pour l'outillage ; le frène d'Amérique est exclusivement employé à confectionner les avirons. Le teck de Bangkok est employé pour les matelas sous-cuirasse des navires et pour leurs fausses-quilles, il sert également aux travaux de menuiserie et d'ébénisterie. Le gaïac sert exclusivement pour la confection des rouets de poulies et des lames de coussinets pour les arbres porte-hélice. Le buis et le chènevert, pour quelques travaux de tournerie, et le cormier pour fabriquer des outils et des dents de roues d'engrenage.

Dans ces différents ateliers, il existe un grand nombre de machines-outils : scies alternatives verticales, scies circulaires, scies à ruban ou sans fin ; raboteuses pour les quatre faces, pour trois faces, pour deux faces et pour une seule face, des raboteuses à fer hélicoïdaux ; machines pour la fabrication des avirons ; affûteuses à meules en émeri et à tiers-point, cette dernière automatique ; machines à percer verticales, horizontales, etc., etc.

Il existe au fond de la Penfeld des fosses pour les bois destinés aux constructions navales. Ces bois, qui consistent en chène, orme, pins des Flandres, essences de Suède et de Norwège, sont parfois envasés. Des livrets de gisement permettent de retrouver la pièce que l'on cherche. On a retrouvé ainsi naguère un madrier placé là en 1828. Chaque pièce de bois avait autrefois son nom propre. L'anse de la Penfeld est remplie d'un mélange d'eau douce et d'eau salée qui constitue l'élément idoine à la conservation des bois.

Jusqu'en 1880, les bois de la Marine étaient conservés dans l'anse de Kerhuon, aujourd'hui acquise par M. Bonamy.

LES SALLES A TRACER

Les *Salles à tracer* ou *Salles des gabarits* sont de vastes locaux puissamment éclairés, sur le plancher desquels on dessine en vraie grandeur les formes des navires et les innombrables pièces qui en constituent la charpente.

Le port de Brest possède deux salles à tracer. L'ancienne est dans les combles de l'atelier des Bâtiments en fer ; on y fait encore les tracés de l'*Edgar Quinet*. La nouvelle, beaucoup plus grande (deux cents mètres de longueur environ), est dans les combles de l'atelier des Chaloupes et Canots. On s'en servira pour la première fois pour le prochain navire qui sera mis en chantier.

Le parquet de ces salles est fait avec un soin tout particulier, au moyen de bois très vieux avec lesquels on n'a plus à craindre de dislocation. Et sur ce parquet, soigneusement raboté, on exécute d'immenses dessins avec une précision qu'on rencontre rarement dans les dessins de grandeur ordinaire.

Le métier de traceur est des plus difficiles, il exige une connaissance approfondie des procédés de la géométrie descriptive, un coup d'œil sûr et une attention de tous les instants. Et malgré ces difficultés, malgré la modicité des salaires de l'État, les bons traceurs ne sont pas rares.

Il nous paraît indispensable, pour montrer l'importance de la Salle à tracer, d'exposer rapidement le mécanisme de la construction des navires de guerre.

Un navire est fait sur un programme déterminé qui en fixe l'armement, la protection, la vitesse, la distance franchissable, etc. L'auteur des plans détermine avec ces données, et au moyen de formules mathématiques, le tonnage et les dimensions principales du navire. Il trace alors à l'échelle de 1/100e le *plan des formes*, qui représente les formes extérieures par le dessin de différentes coupes, les unes horizontales ou *lignes d'eau*, les autres verticales qui sont, suivant leur orientation, les *couples* ou les *sections longitudinales*.

Un deuxième plan, appelé *coupe au maître*, indique, par le dessin de la maîtresse section à l'échelle de 1/20e, les dimensions des différents matériaux qui entreront dans la construction ; le tout est complété par un *devis d'échantillons*, qui détaille, pour les différentes parties du bâtiment, les données caractéristiques des éléments de la charpente.

Enfin, un certain nombre de plans à l'échelle de 1/100e fixent l'installation générale du bâtiment (machines, chaufferies, soutes, artillerie, logements, etc.). Ils sont accompagnés d'une description plus détaillée, appelée *spécification*.

Le chantier en possession de ces différents documents fait le *tracé à la salle*. Le plan des formes est exécuté en vraie grandeur sur le plancher de la salle. Les droites sont tracées par portions en battant le cordeau, suivant le procédé bien connu ; les courbes sont dessinées au moyen de grandes règles flexibles, que l'on fixe au moyen de clous quand on leur a donné une forme satisfaisante. Cette opération est extrêmement importante, car c'est de la parfaite régularité de ces lignes que dépend la vitesse du bâtiment.

Signalons, en passant, que c'est en remorquant de petits modèles dans des *bassins d'essais* que l'on arrive aux indications les plus certaines sur les formes à donner aux carènes.

Du tracé des formes extérieures du navire on déduit, en tenant compte de l'épaisseur des tôles de bordé, celui des formes intérieures. Ce dernier permet de dessiner exactement les *couples* de construction. On dessine ensuite les *lisses* ou membrures longitudinales, les ponts, l'*étrave*, l'*étambot*, les plaques de cuirasses, etc., etc.

On exécute en même temps un petit modèle, réduction exacte au 1/20e du navire à construire, et c'est sur ce modèle que l'on fait la répartition des tôles de bordé et de ponts.

A partir de ce moment, le métier de constructeur a des analogies frappantes avec celui de couturier. On fait d'après les dessins de véritables patrons en planches minces, d'après lesquels on découpe les tôles. Ces patrons, appelés *gabarits*, sont envoyés alors à l'atelier des Bâtiments en fer. Ils servent à tracer les tôles. On indique sur les tôles les trous de rivetage, et la précision du travail est telle qu'au moment de la mise en place les tôles et les membrures correspondantes, découpées et percées séparément, s'ajustent d'une façon presque parfaite.

LES BATIMENTS EN FER

Non loin des Ateliers à bois se trouvent les Bâtiments en fer : ceci a remplacé cela.

Les Bâtiments en fer occupent actuellement deux mille quatre cents ouvriers, répartis en cinquante-deux compagnies.

Les gigantesques forêts qui fournissaient les bois nécessaires à la constitution de l'ancienne flotte disparaissent peu à peu, remplacées par les mines qui donnent une matière plus apte que le bois à se travailler sans déchets, pour fournir les pièces de formes capricieuses exigées par nos bâtiments de combat.

Et l'antique atelier du Charpentage a dû céder la place à celui des *tôliers*, encore appelé atelier des *Bâtiments en fer* et constitué, à Brest, par des hangars édifiés peu à peu sur les *quais de la Boucherie*, pour répondre à l'accroissement progressif de l'emploi du fer, puis de l'acier, devenu aujourd'hui exclusif.

Et chaque jour encore la disparition de la colline du *Bouguen*, employée à la construction des digues de la rade, laisse de nouveaux emplacements disponibles pour de futurs agrandissements.

Le personnel de l'atelier des Bâtiments en fer se compose de deux groupes : l'un comprend huit cents ouvriers travaillant dans l'atelier ; l'autre en comprend seize cents employés sur les cales ou à bord des navires à flot.

L'atelier est divisé lui-même en deux parties : dans l'une on travaille *à chaud*, ce sont les *forgerons*.

D'un côté, des petites équipes de trois ou quatre ouvriers forment les *cornières*, les petites tôles, les rivets et toutes sortes de pièces de formes variées.

Plus loin, des équipes nombreuses, comprenant parfois plus de vingt ouvriers, travaillent sur les *plaques*, grandes masses de fonte, à surface plane, percées de nombreux trous, et sur lesquelles viennent se présenter les grandes tôles et les barres de formes diverses sortant toutes rouges des grands fours de plus de quinze mètres de long.

Les ouvriers, ruisselants de sueur, n'arrêtent leurs marteaux, sur un signe de leur chef, que pour vérifier le travail au moyen des *gabarits*, et, fiers d'avoir bien accompli leur tâche, ils vont essuyer leur sueur et boire les quelques gouttes de vin que l'État, bon patron, leur octroie pour étancher leur soif. Autrefois, nous dit-on, tout forgeron qui se respectait se croyait obligé d'ajouter au vin l'alcool malfaisant ; mais, de nos jours, plus instruits et plus conscients de leurs devoirs, ces braves ouvriers commencent à déserter les cabarets. Combien seraient heureuses leurs familles, combien aussi le seraient leurs vrais amis, s'ils l'abandonnaient tout à fait !

Après avoir vu et admiré les lourdes masses tournoyant dans l'air et les longues tôles qui se dressent parfois, menaçantes, devant lui, le visiteur, un peu ahuri, se hâte de fuir à côté, dans des halls plus clairs et un peu moins bruyants : c'est la partie de l'atelier où l'on travaille *à froid*.

Les pièces, amenées sur des wagonnets, sont déposées devant les machines-outils qui doivent les planer, les percer ou les couper.

On aperçoit des forêts de courroies et de multiples machines à mouvement rapide : il y en a plus de trois cents, nous dit-on.

Tantôt, nous voyons des ouvriers assis manœuvrer un simple volant de *perceuse* ; d'autres, plus robustes, guident, à grand renfort de bras, une tôle qui passe rapidement sous le couperet d'une *cisaille* ou sous un *poinçon* ; d'autres encore, d'un geste, ordonnent à un palan électrique de hisser ou de transporter des poids de plus de trois mille kilogrammes ; ailleurs, d'un simple coup sur un levier, on fait écraser des rivets par une machine à eau sous pression. Toute cette force dissimulée, et que l'homme s'asservit presque sans effort, provient du charbon, que l'on brûle dans d'immenses chaudières qui, après avoir visité les diverses mers du globe avec le croiseur *Tage*, sont venues finir leur carrière dans une paisible retraite ayant d'être livrées au démolisseur.

En sortant de l'atelier, le visiteur voit devant lui le parc où sont rassemblées les tôles, bien alignées et bien étiquetées ; à côté, il voit les hangars des *traceurs ;* au moyen des gabarits et des lattes fournies par la Salle à tracer, le contour, la forme et la position des trous sont indiqués par des points, de minces traits et des chiffres.

Sur la gauche, entre l'atelier et les hangars d'une part, la Penfeld de l'autre, s'élèvent les cales de construction. Une seule est employée à l'heure actuelle : on y monte la charpente de l'*Edgar Quinet*, superbe croiseur-cuirassé de quatorze mille tonnes ; le chantier, recouvert par une toiture en bois faite de diverses parties ajoutées peu à peu, est plus bruyant encore que l'atelier. Les perceuses électriques grincent et ronflent ; les marteaux à air comprimé, donnant plus de mille coups à la minute, écrasent les rivets, matent et découpent les tôles, qui vibrent longuement sous ces chocs brutaux. Les ouvriers vont et viennent incessamment, traînant sur le pavé ou dans l'intérieur du navire, encore embryonnaire, des milliers de pièces diverses. Ces fragments, bien assemblés, constitueront un ensemble dans lequel on ne reconnaîtra plus ni les tôles vues debout dans le parc, ni les cornières, ni les profilés que le forgeron avait savamment formés ; plus tard, à ces morceaux d'acier s'en ajouteront d'autres ; les tourelles, les chaudières, les machines recouvriront le tout, et le visiteur qui admirera le navire sur la belle rade de Brest, quelques mois plus tard, ne se doutera pas toujours de la science, de l'effort et de l'application incessants qu'exige sa construction. Et il ne saura pas non plus combien de vies humaines se sont usées dans ces double-fonds remplis de l'odeur du *minium*, précieux pour la conservation de l'acier, mais meurtrier pour le travailleur.

Néanmoins, l'ouvrier aime le bâtiment qu'il construit ; il en parle volontiers, il est fier d'assister, avec ses parents et amis, à son lancement.

Et combien déjà ont glissé sur les pentes savamment calculées de nos cales, pour flotter triomphalement ! Au début, ils étaient petits ; c'était, pour ne parler que des dernières années, le *Rigault de Genouilly*, le *Bayard*, le *Requin*, le *Terrible*, la *Tempête*, le *Friant* et d'autres encore ; puis, ils se sont agrandis et nous avons vu en dernier lieu les cuirassés *Amiral Baudin*, *Neptune*, *Charles Martel*, *Gaulois*, *Charlemagne*, *Iéna*, *Suffren*, et les croiseurs cuirassés *Dupuy de Lôme*, *Marseillaise* et *Léon Gambetta* ; puis les cuirassés *République* et *Démocratie*, de quinze mille tonnes, dont l'entrée en service est imminente. Et, pour ne pas laisser nos ouvriers sans travail, on va commencer un mastodonte de dix-huit mille tonnes ; en son honneur, une cale va se monter, un peu plus bas, près de la nouvelle Salle à tracer. Sera-t-elle suffisante dans dix ans d'ici ? Qui pourrait le dire, en voyant les progrès si rapides accomplis en ces dix dernières années, où l'on est passé des onze mille tonnes du *Gaulois* aux dix-huit mille d'aujourd'hui ?

LES CALES DE CONSTRUCTION

Près des Bâtiments en fer s'étendent les cales de construction, dites de la Boucherie. Le vaisseau de guerre édifié sur ces cales ne les quitte que pour prendre possession de son élément. Le croquis ci-après montre les dispositions prises à l'occasion de ces cérémonies de lancement, qui attirent toujours une foule considérable dans l'Arsenal.

Ce dessin a été fait à l'occasion du lancement du cuirassé *République*, actuellement à flot ; on y voit clairement la position du vaisseau et l'alignement des tribunes où prennent place les autorités et le public, installés à bâbord et à tribord du bâtiment.

La cérémonie religieuse qui accompagnait autrefois les opérations du lancement a été supprimée par M. Pelletan, Ministre de la Marine, en 1903.

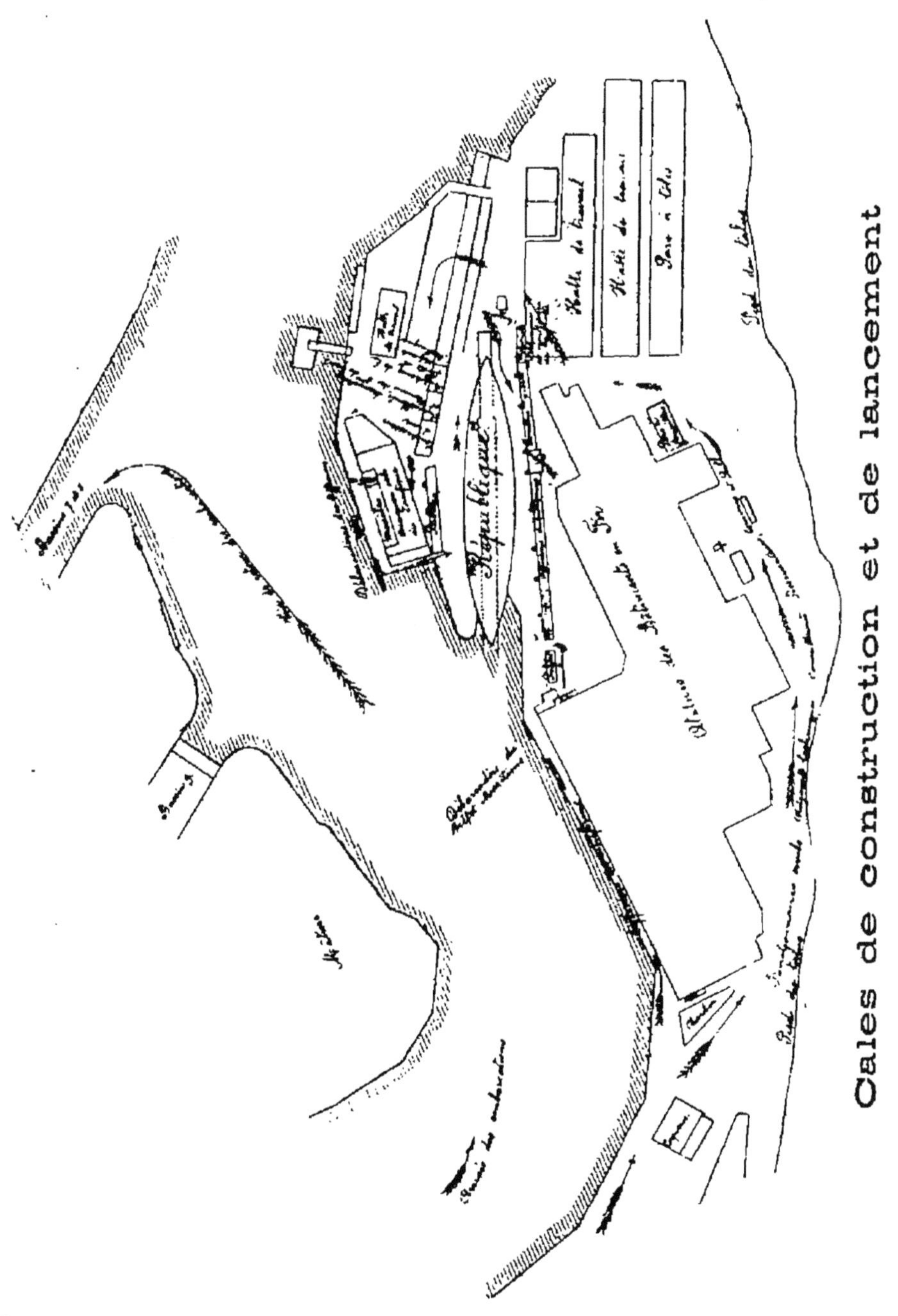

Cales de construction et de lancement

L'ARRIÈRE-GARDE

Mais nous voici à la limite Nord de l'Arsenal ou *Arrière-Garde*, qui est marquée par une chaîne tendue en travers de la Penfeld. Pour sortir par l'Arrière-Garde, il faut une permission spéciale dont l'on n'est dispensé que si l'on est en compagnie d'un officier de Marine. Le visiteur ne regrettera pas, d'ailleurs, une excursion dans la haute Penfeld. ombragée de bois qui forment un riant contraste avec les lignes austères des bâtiments de l'Arsenal. La Marine y possède quelques établissements : les *Magasins d'Artillerie de Kervallon*, la *Digue* ou île *Factice* et ses hangars, comprenant entre autres le hangar où est remisé le canot de gala, dit *canot du prince de Joinville*, ou aussi *canot impérial*, construit en 1811, à Anvers, pour Napoléon Ier (sculpture de van Petersen) ; la buanderie de l'anse Saupin ; l'ancien *Parc au bois* de la Penfeld.

L'ÉTABLISSEMENT DES PUPILLES

Une passerelle jetée sur la Penfeld permet, aux abords du parc. de passer sur la rive droite, où se trouve l'établissement des Pupilles de la Villeneuve (anciennes forges). Cet établissement n'est pas assez connu en France, mais les Anglais le connaissent bien, à tel point qu'ils ont envoyé, en 1904, une mission pour l'étudier et créer une école similaire en Angleterre.

Voici, d'ailleurs, une véritable monographie écrite tout spécialement pour nos lecteurs par M. le capitaine de vaisseau Mathieu, ancien commandant de l'école :

Nos gens de mer quittent incessamment leurs familles — pères, mères, femmes et enfants — ceux du Commerce, pour les grandes pêches d'Islande ou de Terre-Neuve, ou pour transporter nos produits manufacturés à l'étranger et en rapporter les matières premières, et ceux de la Marine nationale pour protéger nos nationaux, sauvegarder nos intérêts commerciaux et, au besoin, défendre le drapeau. Pendant leurs absences du sol natal. dont la durée est parfois de plusieurs années, beaucoup d'entre eux succombent, hélas !

Que deviennent les enfants ? Les orphelins de père et de mère errent sur les routes ou les grèves, et parfois ne savent où reposer leurs têtes ; les orphelins de mère sont presque des abandonnés, puisque leurs pères naviguent, et les orphelins de père sont une charge écrasante pour leurs mères qui, en travaillant tout le long du jour, gagnent à peine de quoi vivre ! Tous ces orphelins souffrent physiquement et moralement !...

Feu le vice-amiral comte de Gueydon, doué d'un grand cœur. d'un esprit très élevé et de toutes les qualités qui en firent un marin consommé. un administrateur distingué, ému des souffrances endurées par les enfants de nos marins, se préoccupa de leur venir en aide.

Les salles d'asile ouvertes dans les ports militaires au profit des enfants de la population maritime se fermant pour eux à l'âge de sept ans, l'école des Mousses ne leur étant autrefois accessible qu'à partir de l'âge de treize ans, et les ressources de la Caisse des Invalides de la Marine étant insuffisantes pour soulager toutes les infortunes, l'amiral, devenu Préfet maritime à Brest, proposa au Département de la Marine de prendre sous son égide les orphelins des gens de mer et de les recueillir, de sept à treize ans, dans un établissement où ils seraient préparés à suivre la carrière de leur père en leur montrant les nobles exemples qu'ils leur ont laissés en héritage.

Le Ministre de la Marine, comte Prosper de Chasseloup-Laubat, accorda un chaleureux appui à la proposition et, le 15 novembre 1862, jour de la fête de l'Impératrice Eugénie, il fit signer à l'Empereur *un décret portant création à Brest d'un* Établissement dit des Pupilles de la Marine, *afin que les premières années de ces orphelins soient mieux protégées, mieux employées pour les préparer aux devoirs de la profession qu'ils doivent embrasser.*

L'apparition du décret excita un vif enthousiasme dans les ports, en France et dans les colonies. Les officiers, les marins, les ouvriers des arsenaux souscrivirent une journée de solde et de tous les points de la Métropole les dons affluèrent

L'établissement fut ouvert le 26 février 1863.

La pensée fondamentale inspiratrice du décret de 1862 était de payer une dette de reconnaissance, privilégiée, sacrée, aux marins en appelant leurs orphelins à participer aux bienfaits de l'institution des Pupilles, d'après un ordre de préférence résultant de la situation au service de la Marine du père de chaque prétendant à l'admission. Mais, peu à peu, d'autres catégories du personnel du Département de la Marine furent appelées à en bénéficier.

Il n'est pas superflu de remarquer le caractère essentiellement démocratique de l'institution, créée par la Marine, qui ne reçoit aucun orphelin d'officier, tandis que, sans avoir eu le malheur de perdre l'un des deux auteurs de leurs jours, les fils des officiers subalternes de l'armée de terre et de l'armée coloniale peuvent être admis dans les écoles militaires préparatoires.

Les orphelins sont admis à l'établissement, ceux de père et de mère à partir de sept ans, et les autres de neuf ans révolus.

L'âge auquel les uns et les autres cessent de lui appartenir a suivi les variations de l'âge d'entrée à l'école des Mousses : de treize ans en 1863 et de quatorze en 1881, il est actuellement fixé à quinze ans et demi.

De 1863 à 1883, les Pupilles âgés de treize ans qui n'avaient pas été réclamés par leurs parents ou leurs tuteurs, étaient admis *ipso facto* à l'école des Mousses et ensuite dans les équipages de la Flotte. Cette mesure prise dans la pensée que les enfants des gens de mer, dont la plupart vivent sur le bord de la mer, ont une préférence marquée pour la carrière de leurs pères. Cette mesure, qui assurait leur avenir, est sujette à critique.

En prescrivant de diriger les orphelins vers les professions maritimes, on en excluait ceux qui, dès la plus tendre enfance, n'avaient pas les apparences des aptitudes physiques réclamées par le service de la Flotte ; et l'obligation d'entrer à l'école des Mousses ayant été mal supportée par les enfants, ils manifestèrent leur mécontentement par des actes d'indiscipline, à la suite desquels les résultats obtenus ayant été considérés comme négatifs, l'établissement fut fermé en 1883.

Ouvert de nouveau le 1er avril 1885, les orphelins sont dirigés depuis lors vers « la profession le mieux en rapport avec les aptitudes de chacun d'eux, « afin de leur fournir des moyens d'assurer leur avenir dans la vie civile s'ils « renoncent à entrer au service de la Flotte. » Cette disposition libérale permet d'admettre à l'établissement tous les orphelins, à la seule condition qu'ils n'aient aucun défaut de constitution corporelle pouvant les empêcher de se livrer à l'apprentissage d'une profession manuelle.

Or, ici-bas, chaque médaille a son revers : en gagnant la liberté de choisir leur carrière, les orphelins ont perdu le droit que leur conférait le titre de Pupille, car ils sont actuellement soumis à la règle générale, soit pour entrer à l'école des Mousses, soit pour se faire admettre dans les ateliers des arsenaux, soit pour prendre ultérieurement du service dans les équipages de la Flotte. Ils demandent tous maintenant à suivre la carrière maritime et, lorsque le règlement s'oppose à l'admission de l'un d'eux parmi les Mousses, ce sont des pleurs et des désespoirs tant de la part du refusé que de celle de ses parents.

Les orphelins de père et de mère qui, à quinze ans et demi, ne sont pas jugés aptes à entrer à l'école des Mousses, *peuvent* rester sous le patronage de la Marine jusqu'à l'âge de dix-sept ans et demi : ils sont alors placés en apprentissage au compte de l'établissement. Mais, ses ressources étant minimes, on ne saurait trop attirer la commisération des pouvoirs publics et des heureux de ce monde sur les orphelins des gens de mer qui ne peuvent être admis au service de la Marine.

L'ancien séminaire des jésuites, comprenant un corps de logis principal, parallèle à la rue de la Mairie (Brest), et deux ailes dont l'une, celle du Sud, forme la chapelle dite de la Marine, fut affecté, en 1863, au logement des Pupilles ; et, quelques années après, on construisit un long bâtiment à un étage bordant la rue Fautras.

Les rez-de-chaussée furent divisés de façon à avoir des classes et des réfectoires, et les premiers étages formèrent de vastes dortoirs où l'on entassa les enfants. L'ancien jardin du roi qui, deux siècles auparavant, était réservé aux officiers de la Marine, servit de cour de récréation où, pêle-mêle, tous les Pupilles, sans distinction d'âge, prirent leurs ébats.

En 1882, pour des raisons de santé, l'établissement fut transféré dans les anciennes forges et fonderies de la Villeneuve.

Le terrain de la Villeneuve, assis sur les communes de Guilers et de Saint-Pierre Quilbignon, sur la rive droite de la Penfeld, est situé à quatre kilomètres et demi de Brest en suivant les rives de l'estuaire sur lesquelles se développe l'Arsenal maritime, et à sept kilomètres environ par les chemins vicinaux qui le relient aux routes nationales de Brest, à Saint-Pierre ou à Saint-Renan.

Le gros approvisionnement de l'établissement se fait par la voie de l'Arsenal ; mais l'estuaire étant peu profond à la hauteur de l'île Factice, il faut profiter des moments de mer haute pour effectuer les transports.

La transformation d'une usine métallurgique en internat n'a pu être réalisée qu'en ne respectant pas les règles de l'hygiène ; mais, depuis quelques années, la plupart des anciens bâtiments ont été remplacés par des immeubles dont les dispositions générales sont appropriées aux nécessités d'un établissement qui doit recevoir cinq cents enfants, — et dont les plans sont dus à M. Thual, ingénieur des Travaux hydrauliques, que la Grande Faux a enlevé trop tôt à une carrière qui promettait d'être brillante et à la famille qu'il venait de se créer.

Cour de récréation. — Depuis 1862, soit à Brest, soit à la Villeneuve, tous les Pupilles prennent leurs récréations simultanément dans la même cour. Il est absolument nécessaire que des mesures radicales soient prises pour faire disparaître cette promiscuité de quatre cents à cinq cents enfants de neuf à quinze ans, condamnée par les hygiénistes moraux les plus éminents de toutes les nations civilisées.

L'établissement, placé sous l'autorité du Préfet maritime et sous la surveillance permanente d'une Commission, présidée par un contre-amiral, est dirigé par un officier supérieur en retraite de l'un des corps naviguants de la Marine.

Effectif des Pupilles. — Fixé à cinq cents au maximum, il est actuellement de quatre cent quatre-ving-dix enfants.

Instruction. — Les Pupilles reçoivent l'instruction primaire et professionnelle et beaucoup d'entre eux obtiennent le certificat d'études. Les instituteurs appartiennent ou non à l'instruction publique et les instructeurs sont choisis parmi les retraités de la Marine.

Des membres des différents cultes en résidence à Brest leur donnent l'instruction religieuse.

Les enfants sont exercés à différents sports : gymnastique, boxe, bâton et canotage.

Le manque de fonds ayant rendu difficiles les débuts de l'œuvre, l'établissement fut autorisé (décret du 8 avril 1863) à recevoir des dons et des legs, des subventions des départements et des communes, des secours de la Caisse des Invalides de la Marine, ce qui lui attribua le caractère d'utilité publique ; et, le 15 mars 1865, le Ministre des Finances le rangea parmi les établissements de bienfaisance pouvant déposer leurs excédents de recette au Trésor. Hélas ! l'élan de novembre 1862 ne se renouvela pas et, pour assurer l'existence de l'Orphelinat, l'amiral Rigault de Genouilly fit inscrire ses dépenses au budget de son département ministériel (décret du 19 octobre 1868).

Les dons et legs faits à l'Orphelinat, sans destination définie, sont employés, soit à couvrir les dépenses qu'entraîne le patronage des orphelins de père et de mère qui ne peuvent être admis aux Mousses par suite d'inaptitude physique, soit à donner des récompenses aux Pupilles ou à améliorer le régime de l'établissement.

Les sommes reçues en 1862 et 1863 ont permis de constituer une rente de quatre mille francs. Depuis lors, les corps issus du suffrage universel se sont abstenus : mais quelques dons et legs ont été faits à l'institution, dont voici les principaux :

30 mars 1867. — Legs de seize mille sept cent quarante francs de rentes de feu Thomas Eugène-Jacquet d'Anthonay, ancien fourrier des équipages de la Flotte, pour entretenir des Mousses et des Pupilles au Lycée de Brest, puis à l'Ecole navale.

22 décembre 1872. — Legs de mille cinq cents francs de rentes de feu François-Félix-Constitution-Corra Daniel, docteur en médecine, à Toulon.

21 juin 1884. — Legs de onze mille cent soixante-huit francs de rentes de feu Jacques-Léon Poirier, de Paris, pour entretenir des Pupilles soit en apprentissage, soit dans des institutions privées ou publiques professionnelles.

16 janvier 1892. — Don de soixante-dix mille francs de M. Arthur de Rothschild, pour réparation et agrandissement des bâtiments de l'établissement.

14 septembre 1892. — Sur le legs fait à l'Etat par M. Henry Giffard, une somme de cent cinquante mille francs est affectée à construire à l'établissement de nouveaux bâtiments, sous la condition que le pavillon central portera le nom de « Pavillon Giffard ».

Depuis l'ouverture de l'établissement (26 février 1863) jusqu'au 1er avril 1906, cinq mille trois cent trente-six orphelins y ont été admis et leur provenance est, à très peu de chose près, la suivante :

47 % du Finistère ;

43 % des quatre autres départements bretons ;

10 % des autres parties de la France.

Les quatre mille huit cent quarante-six qui en sont sortis se répartissent comme suit :

1° 36 % ont été mis à même de se faire une carrière en entrant à l'école des Mousses ou en profitant des bourses d'Anthonay et Poirier. Plusieurs d'entre eux sont officiers de Marine, d'Infanterie ou d'Artillerie, et les autres se trouvent dans tous les grades et toutes les spécialités des équipages de la Flotte ;

2° 38 % ont été remis à leurs familles parce qu'ils ne remplissaient pas les conditions d'aptitude physique exigées pour l'admission parmi les Mousses.

Leur défaut d'aptitude tient à ce que la race bretonne est lente à se développer ; mais elle se corrige vers dix-sept ou dix-huit ans, et les 38 % comprennent alors :

a) Ceux qui, à dix-huit ans, se sont engagés dans les troupes de terre et de mer et qui y sont très appréciés. Beaucoup de ces refusés par la Marine sont sous-officiers ;

b) Ceux qui se sont fait admettre dans les Arsenaux de la Marine (l'un est Conseiller municipal et adjoint au Maire de Brest, un autre est conférencier...) ;

c) Ceux qui sont rentrés chez eux pour y souffrir, d'autant plus que la vie à l'établissement leur a été plus douce : ce sont les ABANDONNÉS !

3° 26 % ont été des NON VALEURS (renvoyés par mesure disciplinaire, rendus à leurs familles sur la demande de celles-ci ou pour cause de maladies contagieuses, incurables, etc.).

En améliorant le régime intérieur de l'établissement et en modifiant les conditions d'entrée à l'école des Mousses, le nombre des ABANDONNÉS et des NON VALEURS diminuera.

L'œuvre essentiellement patriotique et démocratique qui se poursuit à la Villeneuve, en faveur des orphelins des gens de mer, rend de réels et importants services à la population maritime ; mais elle ne remplit qu'en partie les desiderata de son fondateur : « *Assurer l'avenir de tous les enfants qui sont admis à en bénéficier* ». Pour atteindre ce résultat :

1° Le Département de la Marine doit achever de transformer son Orphelinat en Ecole professionnelle ; prendre toutes mesures pour y développer l'hygiène physique et l'hygiène morale ; offrir à ses Pupilles l'admission aux mousses ou les conserver jusqu'à l'âge de dix-huit ans, et charger le directeur de cet établissement de leur tutelle ;

2° Les legs d'Anthonay et Poirier étant insuffisants pour donner satisfaction aux belles intelligences que l'on rencontre parmi les Pupilles et les fonds manquant pour sauver les ABANDONNÉS, les heureux de ce monde, se souvenant qu' « *il ne leur a été donné plus de biens que pour les distribuer à ceux qui en manquent (Cambacérès)* », peuvent venir en aide aux orphelins des gens de mer et honorer ainsi la race de ceux qui savent mourir pour la Patrie ;

3° Enfin, les Corps élus des départements maritimes et les marins eux-mêmes peuvent, de temps à autre, accorder à l'établissement, soit une subvention, soit les produits de quêtes faites pendant leurs fêtes.

Alors, lorsque des délégués français, anglais, japonais ou autres visiteront de nouveau l'établissement des Pupilles de la Marine, son directeur sera fier de leur présenter un modèle de SOLIDARITÉ FRANÇAISE !

Brest, le 6 avril 1906.

A. MATHIEU.

Capitaine de vaisseau, en retraite,
Commandeur de la Légion d'honneur, Officier de l'Instruction publique,
Ex-Directeur de l'établissement des Pupilles (mai 1888 à juin 1897).

LA RIVE DROITE

Après la visite de l'établissement des Pupilles, si l'on descend la rive droite, on passe devant l'anse de Kervallon et l'on rentre dans l'Arsenal par la porte de *Quéliverzan* ; on longe un parc à charbon et l'on arrive aux formes de radoub du *Salou*, au nombre de quatre, dont deux bout à bout peuvent être réunies en une seule, capable de recevoir un bâtiment de plus de deux cents mètres de long ; près des formes du Salou, se trouve l'atelier de la *Mâture*.

Continuant la descente de la rivière, nous rencontrons le magasin des *caisses à eau*, les anciennes cales de *Bordenave*, aujourd'hui désertes et sur l'emplacement desquelles on est en train d'édifier l'*usine centrale d'électricité* qui distribuera la force motrice et la lumière dans tout le port ; nous passons ensuite sous le *Viaduc des Capucins*, en haut duquel une immense grue sert à hisser et à descendre les grosses pièces de machines jusqu'à cinquante mille kilos, usinées dans les ateliers du plateau des *Capucins* ; puis, devant le *Magasin aux chaînes*, l'atelier de

Le Viaduc des Capucins, construit de 1848 à 1857 *(cliché Villard)*

la *Peinture*, près duquel est situé le *Musée maritime* ou *Salle des modèles*, l'atelier des *Travaux hydrauliques*, l'atelier et le magasin du *Calfatage*, le parc aux *Ancres*, et enfin les bureaux de la *Direction des Travaux hydrauliques* et de la *Direction des Constructions navales*.

LE MUSÉE DE LA MARINE

Le Musée maritime se trouve situé sur la rive droite de la Penfeld, entre l'atelier du Calfatage, à l'ouest, et l'atelier des Travaux hydrauliques, anciennement de la Sculpture, à l'est. Il occupe le premier étage de ce pavillon.

Les visiteurs y sont admis tous les jours de la semaine, de une heure et demie à quatre heures.

Le Musée maritime est installé dans une grande salle, largement éclairée et prenant jour sur le quai. On y revoit le confortable de l'ancienne Marine.

Dans le vestibule, nous voyons l'aigle qui ornait l'arrière du vaisseau le *Napoléon*, un de nos premiers vaisseaux à vapeur, lequel, avec la *Bretagne*, fit l'admiration des Anglais en 1854. Dans le Musée même nous trouverons tout à l'heure trois boulets incrustés dans la coque de ce vaisseau et que l'on y découvrit lors de sa démolition.

Altières et gigantesques, les statues de Mars et de Minerve, œuvres de Collet, se dressent de chaque côté de la porte.

De grandes tables, formant armoires vitrées, sont disposées dans le sens de la longueur de la salle.

Chaque baie de fenêtre, décorée de faisceaux sculptés, est utilisée pour la disposition des modèles et des collections.

Actuellement, ce Musée n'a plus qu'une valeur rétrospective, il n'y existe plus rien de moderne ; les beaux modèles du cuirassé le *Colbert* et surtout du croiseur *Lapérouse*, qui fut tant remarqué à l'Exposition de 1878, sont allés grossir les collections de la Marine au Louvre.

Commençant notre visite par la droite, nous voyons le modèle du vaisseau le *Monarque*, dont les caronades s'alignent sur le pont ; puis, successivement, le *Diadème*, de quatre-vingts canons ; le *Superbe*, de soixante-quatorze ; l'*Atalante*, frégate de soixante-quatre ; le *Bourbon*, de quatre-vingts, et le *Vétéran*, de soixante-quatorze.

Tous ces modèles sont intéressants et la justesse de leurs proportions est à noter.

Dans les armoires vitrées du bas, nous remarquons toute une série de bustes pour étraves, dus au ciseau de Sœur et Collet.

A notre droite, laissons quelques collections de bois et de chanvres, puis un modèle articulé de brosse à nettoyer les carènes. Nous voyons une peinture représentant un incendie à la Salle d'armes.

Successivement nous passons devant une série de jonques, pirogues, réductions de pièces de vingt-quatre de Marine, puis nous nous arrêtons avec intérêt devant un modèle de four à boulets rouges, accompagné de la spirale servant à guider ces engins jusqu'à la batterie où les boulets étaient reçus dans une cuiller spéciale et introduits immédiatement dans la pièce.

Au fond de la salle, toutes voiles dehors, le *Léopard*, vaisseau de quatre-vingts canons, étale à nos yeux étonnés sa voilure gigantesque du vieux temps.

A droite, nous laissons le modèle en bois de l'ancienne cale couverte du port de Brest ; puis, nous nous arrêtons devant un énorme couteau dont la lame mesure cinquante centimètres de longueur sur huit centimètres de largeur.

Couteau de boucher, direz-vous ! Non, mais bien couteau de bourreau...

C'est en effet ce couteau qui trancha la tête de l'espion, de cet espion fameux dont tous les Brestois connaissent la légende :

Il avait sa maison — la maison de l'espion — qu'on montrait encore, il y a une vingtaine d'années, aux abords de Lanninon. Son nom était Gordon Warhouse, gentilhomme écossais au service de l'Angleterre. Prévenu d'espionnage, il fut jugé au tribunal de M. de Clugny, intendant de la Marine, et fut, sur les conclusions de M. de Bergevin, procureur du Roi, condamné à avoir la tête tranchée. Il subit sa peine avec une fermeté héroïque, en 1769.

Continuant le tour de la salle, nous remarquons quelques modèles de fermeture de culasses pour canons, système français et système Krupp avec obturateur Broadwell ; ce dernier fut exécuté d'après une pièce allemande prise en 1870.

Voici maintenant un modèle de chaudière marine à quatre foyers.

Puis, nous nous arrêtons devant le *Royal-Louis*, de la Marine de Louis XVI, modèle superbe avec toutes ses sculptures. Ce navire, de trois mètres de longueur et dont le grand mât atteint au moins quatre mètres, fait pendant au *Léopard*.

Successivement, nous passons devant les modèles de cabestans, machines de traction et de corderie.

A droite, nous trouvons une série de très beaux bustes de marins célèbres.

Puis, voici un ventilateur modèle, de l'ingénieur Souchou ; des machines pour poulierie ; des échelles de sauvetage et une réduction du bassin de Toulon.

Enfin, nous terminons notre visite par un système de mouilleur en usage sur la Flotte. Lorsque l'ancre tombe, la chaîne courant sur son chemin de fer fait en dérapant un bruit relativement considérable. Aussi, autrefois, l'ancien gardien du Musée ne manquait jamais de surprendre les visiteuses par ce vacarme insolite. Le petit cri de terreur obligatoire le faisait alors partir d'un bon éclat de rire.

Citons, pour terminer, les plans en relief des environs de Brest et de Lorient, le premier dû au colonel Foy, le deuxième au chef de bataillon d'Infanterie de Marine de Beylié.

LE PLATEAU DES CAPUCINS — LES GRANDES FORGES PONTANIOU — LA SALLE D'ARMES

Avant de poursuivre la descente de la rivière, on trouvera une rampe qui conduit au plateau des *Capucins*, où sont bâtis, dans une belle ordonnance, les ateliers des *Machines*, comprenant, de l'est à l'ouest, la *Chaudronnerie*, d'où sortent les chaudières des navires, la halle du *Montage*, celle de l'*Ajustage* et celle de la *Fonderie*. La halle du Montage renferme en particulier un chariot de soixante et une tonnes destiné au transport et à la manœuvre de grosses pièces de machines.

Près des ateliers des Machines, ont été construites les forges de *Bordenave*.

Descendant des Capucins, on parvient dans une cour où gîte l'atelier des *Grandes Forges* et l'on est ramené près des bureaux de la direction des Constructions navales. A côté de ces bureaux, on remarque les deux grandes formes de radoub de *Pontaniou*, récemment réfectionnées (1904), l'une, à l'usage des cuirassés, plus large et moins longue ; l'autre, à l'usage des croiseurs, plus longue et moins large. Au fond de l'espèce d'anse qui renferme ces formes, est la *Prison maritime ;* à droite, une rampe conduit à l'atelier des Travaux hydrauliques de la *Madeleine ;* à gauche, une autre rampe monte à la caserne des équipages de la Flotte, dite de la *Cayenne* (2ᵉ dépôt).

Au sud des formes de Pontaniou, on longe l'atelier central de la *Flotte ;* puis, un coude de quatre-vingt-dix degrés ramène le promeneur sur la rive droite de la Penfeld, en face de la *Salle d'armes* (très curieuse, ouverte aux visiteurs) et de l'atelier de l'*Armurerie*. Une énorme grue à vapeur sert à embarquer et à débarquer les canons et les affûts ; suivent les ateliers, magasins et bureaux de la direction d'*Artillerie*.

Située sur le quai de l'Artillerie, derrière la grue de cent soixante tonnes et au premier étage de l'atelier de l'Armurerie, la Salle d'armes renferme en petites armes, fusils, épées baïonnettes, un approvisionnement permettant d'armer immédiatement vingt-cinq mille hommes. De plus, l'existant en revolvers, sabres d'abordage, etc., permet largement de faire face à tous les besoins.

Dans l'entrée principale, l'entablement de la fenêtre, ainsi que le palier, sont garnis de façon remarquable.

Faits tout entiers en pièces d'armes, chiens, sous-gardes, plaques de couche, baïonnettes, grenadières, etc., ces attributs sont du plus heureux effet. Nous admirons d'abord une médaille de l'expédition de Chine de 1860, où les noms de Takou, Chang-Haï Palikao et Pékin tranchent sur le fond du ruban. De chaque côté se dresse une immense croix d'honneur, des ancres, des lustres, etc. Le palier se trouve orné de deux superbes palmiers dont les branches sont faites de baïonnettes recourbées. Deux médailles militaires complètent la décoration. Nous voyons là un canon et un obusier pris à Mogador. Dans la salle, à gauche, se trouvent les râteliers d'armes, chacun d'eux contient de douze à seize cents fusils. La salle peut en contenir au moins vingt-cinq mille. Dans les intervalles les revolvers, les sabres complètent l'approvisionnement. Dans l'intervalle des râteliers, quelques accessoires échappés à la destruction sont disposés avec goût : orangers, tournesols, palmiers alternent. La décoration se complète de quelques pièces rares : un pierrier provenant de la Martinique et portant la date de 1590 ; un canon de montagne pris par les Mexicains et repris par les Français le 22 décembre 1864. La visite de la Salle d'armes terminée, nous nous trouvons dans un vestibule renfermant quelques curiosités en vieilles armes : fusils de rempart, fusils transformés, fusils à tabatière, etc.

On passe alors sous le pont National, près duquel se trouve le *bâtiment amiral* (aujourd'hui, en 1906, le *Tonnerre*), qui reçoit les officiers et assimilés punis des arrêts de forteresse et sert à hisser les signaux auxquels doivent obéir tous les bâtiments amenés dans le port. En aval du pont, on se trouve dans l'*avant-port* ou Avant-Garde, sur le quai *Jean Bart* ; après un coude presque droit, on trouve une *Usine électrique* ; puis, les magasins, bureaux et ateliers des *Subsistances*, savoir : *Magasin à blés, Meunerie et Boulangerie à vapeur, Abattoir, Magasin aux liquides et denrées, parc aux Subsistances*. Un souterrain conduit au terre-plein de *Lanninon*, qui donne sur la rade-abri et où la Marine de guerre, trop à l'étroit désormais dans la Penfeld, va édifier de nouvelles formes de radoub, des parcs à charbon et un port pour les torpilleurs. Le port de Lanninon sera mis en service en 1908. Au-dessus du parc des Subsistances, sur le plateau de la *Pointe*, auquel conduit une rampe, est situé l'Observatoire des élèves de l'école navale ; puis, plus loin, la caserne de la Compagnie d'ouvriers ; enfin, sur le terre-plein du rempart, existe une batterie de salut qu'on appelle la batterie du *Fer à Cheval* et qui tire, matin et soir, le coup de canon annonçant l'ouverture et la fermeture de la Penfeld au moyen d'une chaine.

Tout le long du trajet que nous venons d'accomplir sur les deux rives de la Penfeld et qui, aller et retour compris, mesure plus de huit kilomètres, de nombreux bâtiments de guerre, soit en réparations, soit en réserve, sont amarrés dans la rivière ou échoués dans les formes de radoub. On peut les visiter tous quand on est accompagné d'un officier ; si l'on n'a pu entrer dans l'Arsenal que par la voie normale, on ne visite que ceux qui figurent sur l'itinéraire arrêté par les autorités.

De distance en distance, on remarque aussi des ponts flottants qui servent à franchir la rivière et s'ouvrent pour laisser passer les navires: Le plus fréquenté est le pont Gueydon (sous le pont National) ouvert au public étranger à l'Arsenal. C'est au pont Gueydon qu'accostent les embarcations à vapeur et à rames des bâtiments sur rade. Quand ces bâtiments sont nombreux (l'été, l'escadre du Nord se trouve parfois au complet sur rade), rien n'est pittoresque comme le départ simultané de toutes ces embarcations, vers huit heures du matin ou six heures du soir.

LES REMPARTS

L'enceinte actuelle a remplacé un retranchement de campagne établi en 1674 par le duc de Chaulnes pour mettre le port et l'Arsenal à l'abri d'un coup de main des Hollandais. dont une flotte portant des troupes croisait sur les côtes de France.

Ce retranchement, qui n'avait qu'un développement restreint, ne fut terminé que du côté de Recouvrance, où il aboutissait au pied du plateau des Capucins ; du côté de Brest on n'en fit que la partie comprise entre la mer et le mur de clôture du jardin du Roi (actuellement l'Ecole des mécaniciens). Il fut détruit en 1690, lorsque l'enceinte fut en état d'offrir une protection équivalente. Il n'en subsiste qu'une redoute, transformée plus tard et qui est englobée dans l'Arsenal de la Pointe.

La ville de Brest, alors bien petite, était elle-même entourée d'une chemise de sûreté en forme d'ouvrage à corne, construite vers 1653 et constituée par un mur de huit à dix pieds de hauteur et de deux pieds d'épaisseur, précédé d'un fossé. Cette fortification fut démolie en 1682 et le duc de Chaulnes autorisa les Carmes à en joindre l'emplacement à leur enclos, sauf à indemniser les propriétaires du terrain.

Le projet de l'enceinte fut fait en 1677, par l'ingénieur de Sainte-Colombe, alors en mission sur les côtes de l'Océan. Elle se composait de quatorze fronts bastionnés (huit sur la rive droite et six sur la rive gauche), avec parapets terrassés et escarpe revêtue, mais sans demi-lunes ni chemins couverts, et se fermait sur la Penfeld. entre la pointe du Salou et le sud de l'anse de la Tonnellerie. Les travaux furent entrepris en 1681. du côté de Brest seulement ; Sainte-Colombe en eut la direction jusqu'à sa mort (15 novembre 1682).

Vauban, venu à Brest en 1683, apporta quelques corrections au projet de Sainte-Colombe et modifia notamment le tracé des fronts de Recouvrance, qui n'avaient pas encore été piquetés sur le terrain. Il indiqua en même temps qu'il faudrait occuper le bout des hauteurs de Menès (Bouguen), qui avait des vues dangereuses sur l'intérieur de la place et sur l'Arsenal. Il émit en outre l'avis que l'on pourrait, au moins provisoirement, se dispenser de terrasser les parapets et se contenter d'un mur crénelé surmontant l'escarpe.

Les travaux. interrompus en 1684, furent repris en 1688, au moment des armements de Guillaume d'Orange contre l'Angleterre, qui donnèrent de l'inquiétude pour les côtes de Bretagne et de Normandie. Ils furent poussés activement : d'après un mémoire du temps, on y aurait employé jusqu'à quinze mille travailleurs. En mars 1689, Vauban annonçait que les revêtements de l'escarpe seraient prochainement achevés ; il fit ajouter des demi-lunes et des chemins couverts et demanda le remplacement des murs crénelés par des parapets en terre, afin de mettre le corps de place en état de pouvoir être défendu comme une place de guerre. En 1695, il insistait sur l'urgence d'achever les parapets et de mettre les fossés à profondeur et il demandait, sans succès, l'occupation des hauteurs de Quéliverzan et du Bouguen.

L'épuisement des finances fit interrompre les travaux au début du XVIII° siècle : les fossés n'étaient pas encore à profondeur, sauf au pied des escarpes ; les fronts de Recouvrance avaient leurs parapets en terre ; ceux de Brest n'avaient que leur mur crénelé : ils devaient le garder pendant près d'un siècle.

Le prolongement du port jusqu'au coude de Kervallon, dont les travaux furent commencés en 1764, sur les projets du général Filley, rendait nécessaire l'occupation de Quéliverzan et du Bouguen.

On entreprit, en 1773, la construction de l'ouvrage à corne de Quéliverzan. Le Gouvernement en fit arrêter les travaux en 1776, pour commencer le couronné du Bouguen, dont le gros œuvre fut achevé en 1783. Il restait à le relier au corps de place, dont il paraissait nécessaire d'agrandir l'enceinte en vue de la réinstallation des établissements militaires du Château, qui devait être cédé à la Marine. S'inspirant d'études faites en 1764 par Felley, le service du Génie proposa d'établir la nouvelle enceinte entre la porte de Landerneau et la carrière du Pape. Ce projet fut approuvé en 1789 ; mais les événements politiques empêchèrent de l'exécuter et on se borna à construire, en 1792, deux ouvrages de campagne à la carrière du Pape (ouvrage des Fédérés) et à Keroriou. C'est également en 1792 qu'on remplaça le mur crénelé des fronts de Brest par un parapet terrassé. Ce furent les derniers travaux du XVIII° siècle. Pendant les années suivantes on ne fit rien faute d'argent, et sous l'Empire on ne fit que des projets : tous les crédits étaient alors réservés aux places des pays annexés ou occupés par nos armées (Italie, Dalmatie et Allemagne).

À la chute de l'Empire, les parapets de l'enceinte étaient seuls en bon état ; faute d'entretien les fossés, qui n'avaient jamais été mis à profondeur, avaient été partiellement recomblés par des terres éboulées ou par les détritus de toutes sortes qu'on y avait jetés, les chemins couverts avaient en partie disparu et en plusieurs endroits on pouvait accéder directement à l'escarpe, dont le pied était enterré de plus d'un mètre ; enfin, Quéliverzan et le Bouguen, restés imparfaits, n'avaient pas de communications avec le corps de place. Il était urgent de remettre les fortifications en état ou, pour mieux dire, de les terminer et d'y apporter quelques améliorations reconnues nécessaires.

On se mit à l'œuvre en 1819, en commençant par les fronts de Brest. Le plus gros des travaux fut fait assez rapidement, mais leur achèvement fut retardé par la difficulté du site et par les dépenses importantes nécessaires pour se procurer les terres de remblai. Aussi, certaines parties des fronts de Recouvrance et Quéliverzan ne furent-elles terminées que sous le deuxième Empire.

Quant à la jonction du Bouguen avec l'enceinte, l'abandon des projets de la Marine sur le Château permit d'adopter des dispositions plus simples et moins coûteuses que le projet de 1789, et qui furent exécutées de 1840 à 1846.

Ainsi, l'enceinte de Brest, ébauchée à la fin du XVIIe siècle, augmentée de Quéliverzan et du Bouguen vers la fin du XVIIIe, ne fut achevée qu'au milieu du XIXe siècle.

Entrées de ville. — L'enceinte de Sainte-Colombe et de Vauban n'avait que trois portes :

La porte de Landerneau, établie dans le prolongement de la rue de Siam, constituée par un passage voûté de quatorze pieds de large et précédée d'un passage semblable sous la face droite de la demi-lune. Devenue insuffisante pour la circulation, elle fut doublée en 1821 d'une porte semblable (porte Saint-Louis) située en face de la Grand'Rue, avec sortie à l'air libre dans la face gauche de la demi-lune. Ces deux portes ont été remplacées, en 1889, par l'entrée de ville actuelle ;

La porte du Conquet, constituée comme la porte de Landerneau par un passage voûté de quatorze pieds, auquel un passage semblable a été accolé en 1868 ;

La porte de Porstrein, qui fut, à l'origine, une simple lacune ménagée entre l'enceinte et les ouvrages extérieurs du Château, pour donner accès à un port marchand, dont l'établissement proposé par Vauban en 1683 fut refusé par Louis XIV. Ce passage fut remplacé en 1835 par une porte défensive, qui a été remplacée elle-même en 1862, au moment de la création du Port de Commerce, par la porte actuelle, dont le nom primitif de porte Impériale a été remplacé, après la chute de l'Empire, par celui de porte Nationale.

L'enceinte actuelle possède quatre autres portes :

La porte du Bouguen (anciennement porte Penfeld), construite en même temps que le fort Bouguen ;

La porte du Moulin à Poudre et la porte Fautras, construites de 1840 à 1846 ;

La porte Foy, percée en 1870.

Ouvrages détachés. — La place est couverte, du côté de l'ouest, par cinq ouvrages détachés, construits de 1776 à 1782 (forts du Portzic, Montbarey, Keranroux, Guestel-Bras et Penfeld).

Les ouvrages de la rive gauche sont de construction plus récente : le fort de Guelmeur remonte à 1862 et l'ouvrage de Pen-ar-Créach à 1870.

Établissements militaires. — Les établissements militaires de la place de Brest sont :

La caserne d'Estrées, située au Château et composée de bâtiments construits à diverses époques, depuis le règne de Louis XIII jusqu'à 1852 ;

La caserne d'Aboville, ancien couvent des Carmes, affectée au département de la guerre en 1793 ;

La caserne Gauthier de Kervéguen (anciennement grand quartier de Recouvrance), construite en 1774 ;

Les casemates Fautras, dont le bâtiment principal est un corps de casemates construits en 1840-1846 et aménagé en casernement depuis 1881 ;

La caserne Fautras (ancien quartier de la Marine), construite par moitié en 1732 et en 1765 ;

La direction d'Artillerie, au Château, construite en 1774 :

Le parc d'Artillerie de Recouvrance, construit en 1779 ;

Le pavillon du Génie, construit en 1896 ;

La manutention de l'Arc'hantel, à Recouvrance, construite en 1785.

On peut ajouter à cette énumération, bien que cet établissement soit situé en Lambézellec, la caserne de Pontanézen, ancien hôpital, construit en 1780, qui, après avoir servi temporairement de dépôt de prisonniers de guerre à la fin du premier Empire, puis d'annexe de bagne après 1826, fut affectée au casernement des troupes de la Marine en 1841.

LA RADE

La rade de Brest est l'une des plus vastes et des plus belles qui soient au monde. Nous n'avons pas la prétention d'en donner ici une description complète. Nous nous bornerons à indiquer sommairement les points les plus intéressants. Elle mesure une vingtaine de kilomètres dans sa plus grande dimension, qui est de l'est à l'ouest, sur une largeur de dix à douze, du nord au sud.

L'escadre du Nord se tient habituellement au mouillage dans l'intérieur de la rade-abri, dont on agrandit actuellement l'étendue protégée ; l'été, malheureusement, le port est souvent vide, les vaisseaux croisant en mer pour les exercices annuels et l'entraînement des équipages.

Deux vieux vaisseaux en bois y flottent en permanence : le *Borda*, école des officiers de Marine, et la *Bretagne*, école des Mousses, avec leurs annexes, navires d'instruction.

LE " BORDA "

La plus récente étude qui ait été écrite sur l'Ecole navale française nous paraît être celle de M. A. Gourguechon, dans le journal *Armée et Marine*. Nous empruntons à ce travail très documenté les détails qui vont suivre :

C'est le Gouvernement impérial qui, le premier, en 1810, eut l'idée de donner aux futurs officiers de la Marine française, dès leur entrée au service, une instruction véritablement pratique, en même temps que l'instruction théorique. Deux vaisseaux de ligne, le *Duquesne* et le *Tourville*, furent aménagés à cet effet et placés, l'un en rade de Toulon, l'autre en rade de Brest.

Cette institution périt avec l'Empire. N'osant pas, malgré son goût de réaction systématique, rétablir les anciennes compagnies de *gardes-marine*, défectueuses sous bien des rapports, Louis XVIII remplaça les écoles flottantes par un collège royal établi à Angoulême : les études y étaient surtout classiques, assez élémentaires, avec quelques cours préparatoires à la Marine. Le recrutement était fait au choix du Roi.

En dépit de l'insuffisance que montrèrent les jeunes officiers ainsi formés, insuffisance constatée et déplorée par tous les chefs, les choses restèrent en l'état jusqu'en 1827. A cette date, les armements exceptionnels nécessités par notre intervention dans les affaires de Grèce exigèrent une augmentation immédiate des cadres. Le Ministère fit appel, par voie de concours, à un certain nombre de jeunes gens qui furent embarqués pendant un an sur le vaisseau *Orion*, mouillé en rade de Brest. Or, cette préparation hâtive fournit à la flotte des aspirants (on disait alors *élèves de Marine*) bien meilleurs à tous les égards que ceux qui venaient d'Angoulême.

Pendant trois ans, les deux institutions fonctionnèrent concurremment et la supériorité de l'*Orion* continua de s'affirmer ; si bien que, dans les derniers jours de son règne, Charles X décida la suppression de l'école d'Angoulême. Par suite de la révolution de Juillet, c'est à Louis-Philippe que revint le soin d'organiser l'Ecole navale, définitivement établie à bord de l'*Orion*, (ordonnance du 1er novembre 1830).

Le système de l'école flottante, reconnu bon dès le début, a été maintenu jusqu'à nos jours. En 1840, l'*Orion* étant hors de service, fut remplacé par le *Commerce de Paris*. On ne pouvait conserver ce nom à une école militaire : le vaisseau reçut le nom de *Borda*, qui fut transmis en 1864 au *Valmy*, en 1890 à l'*Intrépide*, affectés successivement à l'Ecole navale.

Le *Borda* actuel, qui porte le nom d'un officier de Marine du xviiie siècle, est l'ancien vaisseau l'*Intrépide*. Il a été construit il y a une quarantaine d'années. c'est un des derniers spécimens de la vieille Marine. Il était à la fois bâtiment à voiles et à vapeur.

Comme tous les grands navires en bois d'autrefois, il est court et large, massif, haut sur l'eau. Il est percé de part et d'autre d'une triple rangée de sabords, dont la ligne blanche ressort sur le fond noir de sa coque : ces nombreuses ouvertures, une soixantaine de chaque bord, presque toutes dépourvues de leurs canons et fermées par de petites fenêtres vitrées, donnent assez l'impression d'une caserne flottante, ou — comme disent les élèves irrévérencieux — d'un ponton. Pourtant, le *Borda* a une mâture complète, avec tous ses agrès.

Le *Borda* est mouillé par vingt mètres de fond, à un mille environ de l'entrée du port de guerre, à un demi-mille de l'endroit de la côte le plus rapproché, à l'extrémité de la rade-abri, c'est-à-dire près d'une digue qui protège les navires contre la grosse houle du large.

Non loin, un autre condamné à la chaîne perpétuelle achève tranquillement ses jours déjà longs ; c'est la *Bretagne*, vaisseau-école des Mousses. En dehors de la rade-abri se balancent le *Bougainville*, le *Sylphe* et deux autres bricks affectés à l'instruction des Mousses : ces quatre prisonniers jouissent d'une liberté intermittente, puisqu'ils appareillent deux fois par semaine pour évoluer en rade.

La présence de l'escadre donne à la rade, trop souvent triste et presque déserte, une animation pleine d'attrait pour les élèves. Leur sens critique, comme bien on pense, n'y perd rien non plus : les formes, l'armement, la tenue des navires, leurs manœuvres surtout, sont un thème inépuisable de discussions.

Le personnel du *Borda* compte trois cent trente-quatre personnes. Les élèves sont au nombre de cent. Les cours, commencés le 2 octobre, se poursuivent, avec une seule interruption d'une douzaine de jours à Pâques, jusque vers le milieu de juin. Une semaine après commencent les examens de fin d'année et de passage en première division pour les uns, de sortie pour les autres.

Les examinateurs sont, selon les cours, des officiers supérieurs de la Marine, ou des professeurs civils empruntés aux Facultés. Chaque élève subit deux épreuves par semaine.

Les examens prennent fin dans les derniers jours de juillet. Après quoi les *fistôts* partent pour la campagne d'été, les bienheureux anciens ou plutôt les enviés *midships*, étincelants de galons et d'aiguillettes, pour un congé de deux mois, d'où ils ne reviendront qu'au moment d'embarquer sur le *Duguay-Trouin*, vaisseau-école d'application.

Sur les indications d'une lettre d'avis adressée à leurs familles, les jeunes gens admis à l'Ecole navale arrivent à Brest dans la matinée du 30 septembre au plus tard. Une des canonnières de la direction du port les conduit au *Borda*.

La première journée de présence à bord est remplie par l'accomplissement de diverses formalités : contre-visite médicale, portant principalement sur la vue, la plus importante des facultés physiques du marin ; payement de la pension ; tirage au sort des numéros matricules ; essayage des vêtements variés qui constituent le trousseau réglementaire ; visite du navire.

Les anciens ne rentrent que le lendemain 1er octobre, et le service ordinaire commence le 2 octobre.

Une promotion forme deux escouades, chacune administrée, commandée et inspectée spécialement par un lieutenant de vaisseau. Les élèves sont répartis, en outre, selon les travaux ou exercices à faire, en *bureaux*, en *canots*, en *sections*, etc.

Le groupement par bureaux est le plus important, parce qu'il intéresse surtout le travail en étude. Entre les six jeunes gens que le hasard des numéros matricules a rapprochés, il ne tarde pas, en effet, à se créer des liens étroits de camaraderie, de solidarité : la contagion de l'exemple fait de bons et — parfois — de mauvais bureaux, par l'esprit, l'application et la conduite. Ainsi l'on dira que le 4e tribord est un bureau d'élite, que le 9e tribord est un peu faible, que le 1er bâbord est un peu turbulent.

A côté de ces groupements officiels et obligatoires, les élèves se réunissent tout naturellement, lors des récréations et des sorties, par affinité, sympathie ou communauté de provenance ; mais on n'a jamais entendu parler du moindre dissentiment causé par des différences d'origine, de culte ou d'opinions. Les relations des élèves entre eux sont toujours franches, cordiales et gaies. Quelques joyeuses taquineries, traditionnelles et inoffensives, n'ont d'autre effet que d'assouplir les caractères — s'il en était besoin — et de *rompre la glace* entre des inconnus qui seront vite de vieux amis.

Enfin, chaque nouveau est assuré de la protection et des bons conseils — sinon des bons exemples — de l'un au moins de ses anciens, le *réglementaire*, celui dont le numéro matricule correspond au sien. Mais il a aussi un ancien *de cœur*, c'est-à-dire choisi ou accepté par sympathie réciproque.

Le fistôt est, par rapport à son ancien, dans l'état de vassalité : il lui doit foi et hommage, voire certaines redevances féodales ! Pourtant, rassurez-vous, fistôts de l'avenir, ici ne règnent que *de bons tyrans*, et vous trouverez moins de charges que de profits dans cette sujétion.

Donc l'ancien est un être supérieur, revêtu d'une éminente dignité. Cent pauvres *fistouilles* réunis ne valent pas le quart d'un ancien, le plus simple bon sens l'indique. Pourtant, si nous considérons les promotions isolément, chacune a sa hiérarchie, officielle ou non.

Les élèves classés dans le premier douzième de leur division ont le titre réglementaire de *brigadiers* et portent, comme insignes distinctifs, sur le dolman de grande tenue, deux ancres en or de chaque côté du collet.

Les suivants, jusqu'au premier quart de la liste de classement, sont dits *élèves d'élite* : leur col ne porte qu'une seule paire d'ancres.

L'élève classé avec le numéro un est appelé *premier brigadier*.

Contrairement à ce qui a lieu dans les autres écoles militaires, ces titres ne sont pas considérés comme des grades ; ils ne donnent à qui les porte ni autorité ni responsabilité. Il est d'usage, toutefois, que le commandant, les officiers et professeurs transmettent aux deux divisions, par l'intermédiaire des premiers brigadiers, certaines communications officieuses. C'est donc reconnaître, en somme, aux meilleurs élèves, une autorité au moins morale sur leurs camarades, ce qui est fort légitime.

L'élève reçu premier à l'École garde toujours, quel que soit son rang dans les classements ultérieurs, le titre de *major* : quoique — et peut-être parce que non reconnus officiellement, son autorité et son prestige sont très réels.

Le major des anciens, surtout, est un personnage vénérable, investi des hautes fonctions de conservateur des traditions sacrées que l'*aspirant français* se transmet de génération en génération, depuis le temps immémorial où — disent les élèves — leur race héroïque a pris possession du *ponton*. — Par droit de conquête et à l'abordage, sans doute ?

Le major est secondé, dans l'accomplissement de certains rites traditionnels, par le C (élève qui porte le numéro matricule le plus élevé).

Renseignement à retenir : les visiteurs ne sont admis au *Borda* qu'un seul jour dans l'année — celui de la rentrée.

VAISSEAU-ÉCOLE DES MOUSSES

L'institution des Mousses remonte à 1829. Une ordonnance royale du 28 mai, contresignée par M. le comte Hyde de Neuville, prescrit l'organisation d'une compagnie de mousses dans chacune des divisions des cinq ports.

Les compagnies de Brest et de Toulon devaient avoir un effectif de cent mousses, celles de Lorient et de Rochefort de cinquante, et celle de Cherbourg de soixante.

Les troisième et quatrième arrondissements maritimes ne fournissant pas assez d'enfants pour tenir au complet les effectifs de leur compagnie, celles de Lorient et de Rochefort furent supprimées. Peu de temps après, il en fut de même de celle de Cherbourg, et les contingents de ces trois ports furent versés aux divisions de Brest et de Toulon, qui eurent alors, le premier de ces deux ports deux compagnies de cent vingt mousses chacune, le second une de cent cinquante.

En avril 1836, les compagnies de mousses, dont l'effectif avait été porté à cent soixante-huit chacune, quittèrent la division de Brest pour être casernées en rade sur le transport l'*Abondance*. Celle de Toulon fut également établie en rade sur un bâtiment, mais cette école fut plus tard supprimée et il n'y en eut plus qu'une, celle de Brest qui, au mois de mars 1852, un an après le transbordement de l'*Abondance* sur le *Thélis*, était composée de deux compagnies de deux cents mousses. L'école des Mousses reçut alors les contingents d'enfants des cinq arrondissements maritimes.

Le 16 septembre 1853, M. Ducos, alors Ministre de la Marine, donnait l'ordre de former une troisième compagnie de deux cents mousses à partir du 1ᵉʳ janvier 1854, ce qui portait l'effectif de l'école à six cents.

Le 5 mars 1857, le chiffre était réduit à quatre cents, tout en conservant les trois compagnies, puis reporté à six cents le 30 août 1859.

Lorsque le vaisseau l'*Inflexible* remplaça la *Thélis* comme école des Mousses (31 mai 1861), on créa une quatrième compagnie de mousses en portant l'effectif à huit cents. Quelques mois après (29 novembre 1861), il fut augmenté et porté à neuf cents. Ce chiffre fut souvent dépassé pendant la guerre de 1870-1871, et enfin depuis le 18 avril 1872 il est revenu à huit cents et paraît définitivement adopté comme réglementaire, d'après la dépêche ministérielle du 14 juin 1882.

Le vaisseau l'*Inflexible* fut remplacé en septembre 1875 par le vaisseau *Austerlitz*.

Depuis 1803, l'effectif des mousses à entretenir à l'école a subi de nombreuses fluctuations. Réduit à six cent vingt mousses et à trois compagnies par la dépêche du 15 mars 1893, il est ramené à huit cent dix mousses et apprentis-marins, répartis en quatre compagnies ; deux d'apprentis-marins maintenus à l'école jusqu'à l'âge de dix-sept ans révolus, et deux de mousses passent dans les compagnies d'apprentis-marins à seize ans. Enfin, par dépêche du

31 octobre 1893, le Ministre réduit de nouveau le nombre des compagnies à trois, dont deux de mousses et une seulement d'apprentis-marins, tout en maintenant à huit cent dix l'effectif des mousses et des apprentis-marins, mais celui de l'équipage subit une forte diminution.

Dans les huit cent dix mousses sont compris les apprentis mécaniciens au nombre de cent dix.

Visites à bord. — Permissions. — Vacances. — Les parents, tuteurs ou correspondants dûment accrédités auprès du commandant de l'école, peuvent être admis à visiter à bord de la *Bretagne* les mousses et les apprentis, les dimanches et jours fériés.

Les mousses ou apprentis-marins qui ont à Brest des parents ou des correspondants peuvent seuls être autorisés à descendre à terre les dimanches et jours fériés ; ils ne sont pas autorisés à coucher chez leurs parents.

Ceux qui n'ont à Brest ni parents ni correspondants sont envoyés en promenade sous la conduite de leurs surveillants.

La distribution des prix a lieu à bord de la *Bretagne* le 31 juillet. L'envoi en vacances a lieu après la distribution des prix et la rentrée à bord est fixée au 1er septembre.

Les mousses et les apprentis ayant une bonne conduite et réclamés par les familles sont seuls envoyés en vacances ; mais ceux qui ont été admis à l'école au mois de juillet ne vont pas en vacances au mois d'août suivant.

Dix jours de vacances sont en outre accordés au premier de l'an et à Pâques, dans les conditions indiquées ci-dessus.

Sortie de l'école. — Les apprentis-marins ne débarquent du vaisseau-école que lorsqu'ils ont passé un an à bord en cette qualité et aux dates fixes du 30 juin et du 31 décembre ; ils ont donc tous dix-sept ans accomplis. Les mousses mécaniciens quittent la *Bretagne* à seize ans révolus. Les apprentis-marins séjournent ainsi à bord du vaisseau un an de plus que les mousses mécaniciens. Cette différence provient de ce que l'on a voulu éviter les inconvénients résultant de leur contact avec les matelots sur les navires armés, tandis que les mécaniciens sont complètement séparés des autres élèves pendant leur séjour à l'école de Brest.

En débarquant de la *Bretagne*, les apprentis-marins vont passer quelque temps sur d'autres navires où ils se trouvent avec les matelots qui ont été choisis pour entrer dans les écoles des spécialités ; ils y attendent le moment de passer dans ces écoles tout en complétant leur instruction nautique.

Les apprentis gabiers vont sur la *Saône*, dans l'avant-port de Brest ; les apprentis canonniers, torpilleurs, timoniers, sur des navires de la division de l'Escadre de la Méditerranée, jusqu'à leur embarquement sur les bâtiments-écoles de canonnage, de torpilles et de timonerie qui stationnent à Toulon et aux îles d'Hyères. Les apprentis fusiliers vont dans l'Escadre du Nord jusqu'à ce qu'ils aient près de dix-huit ans ; ils vont ensuite au bataillon de Lorient. Les élèves-fourriers passent directement de la *Bretagne* à l'école des fourriers qui existe à Brest, au 2e dépôt.

Presque tous les anciens mousses sortent de ces écoles avec leur brevet et le grade de matelot de deuxième classe.

Les mousses mécaniciens passent deux ans à l'école de Brest, à terre ; ils en sortent ouvriers mécaniciens avec le certificat d'aptitude au grade de quartier-maître. Ils sont embarqués pendant une année pour se mettre au courant des machines et réunir les conditions exigées pour l'obtention du grade de quartier-maître.

La Marine doit trouver dans l'école des Mousses une excellente pépinière d'officiers-mariniers.

TRACÉ DE LA VOIE DE LA LIGNE DU CONQUET 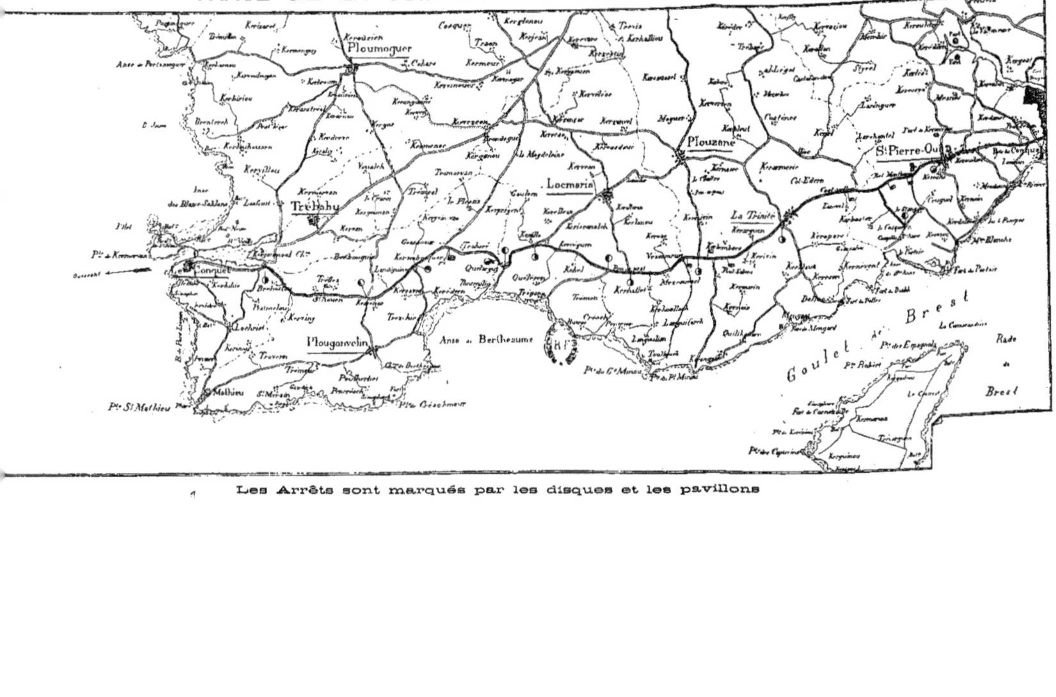
Les Arrêts sont marqués par les disques et les pavillons

LES EXCURSIONS EN RADE

La rade de Brest offre au touriste une grande variété d'excursions. Un volume devra être fait pour en décrire les sites, les plages, les innombrables attraits, les curiosités spéciales et uniques. En jetant les yeux sur une carte, on remarquera que la rade proprement dite fait pénétrer ses eaux dans l'intérieur des terres par plusieurs grandes rivières : la rivière de Landerneau, qui mène au passage de Plougastel et à Landerneau ; la rivière de Daoulas ; la rivière de l'Hôpital ; la rivière du Faou et la rivière de Châteaulin. La contrée, baignée par ces cours d'eau, est remarquablement fertile et on ne peut plus curieuse à visiter ; malheureusement, les moyens de communication par mer ne permettent pas de l'aborder partout et d'une façon régulière. Nous allons indiquer sommairement les points où le touriste peut se rendre en se servant des bateaux mis à la disposition du public.

En consultant les affiches des compagnies de navigation et les horaires publiés au jour le jour par la *Dépêche de Brest*, le touriste fixera son choix pour l'excursion à faire. Nous donnons plus loin les horaires qui nous ont été communiqués.

Le côté vers lequel le service des bateaux est le plus régulièrement assuré est celui du *Fret*, par où l'on gagne ensuite le bourg de *Crozon* et la station balnéaire de *Morgat* (plage de sable fin, grottes célèbres, petit port où flottent les chaloupes sardinières aux légères voiles bleues, nombreuses villas).

A dater du 10 juillet, un vapeur fait, cinq fois par semaine, le service entre *Morgat* et *Douarnenez*. (Voir notre volume *de Brest à la Côte*, page 349).

Durant l'été, de fréquentes excursions sont organisées en rade par les différentes compagnies de bateaux menant les touristes sur les points les plus intéressants. Pour un prix très modique, on peut visiter :

Le *Passage de Plougastel*. — A l'est, dans la rivière l'Elorn, coin très pittoresque avec, au sud, de hautes collines surmontées de rochers, blocs gigantesques aux formes étranges. Une fois débarqué sur la côte sud du Passage, on peut gagner, à pied, PLOUGASTEL et visiter le fameux calvaire érigé en ce lieu au XVII° siècle « pour actions de grâces de la cessation d'un fléau qui désola la Basse Bretagne en 1598 », puis l'église. Du clocher, vue splendide sur le goulet, sur la rivière de Landerneau et la campagne circonvoisine.

Lauberlach. — Anse formée par les pointes de Plougastel et de Roségat. Célèbre pour ses « parties de fraises ». On voit là des champs de fraises, comme on voit ailleurs des champs de pommes de terre ou de navets.

L'atmosphère est tout imprégnée du parfum de ces fruits exquis. Le commerce des fraises est, on le sait, la richesse des habitants de la côte dite « des Plougastels ».

Landévennec. — Réserve des bâtiments de guerre et ruines d'une antique abbaye : « Là, dit Levot, était, avant la Révolution, l'antique chartreuse bretonne, fondée à la fin du ve siècle, au moyen des libéralités du roi Gradlon, par saint Gwennolé qui en avait fait un véritable séminaire ecclésiastique. » Le monastère et son église sont complètement en ruines. La splendeur du paysage au milieu duquel s'élevait l'abbaye surprendra le touriste (on peut visiter, mais avec l'autorisation du propriétaire ou de ses fermiers, pourboire à ces derniers).

Le Folgoat (Passage de Térénès). — Térénès est, certes, l'un des buts d'excursion les plus charmants de la rade de Brest, mais il est difficile à atteindre. Il y a bien les vapeurs de Brest à Châteaulin, mais ces bateaux font escale, déposent *au besoin* les passagers, puis continuent leur route et ne repassent que le lendemain ou le surlendemain. Pour entreprendre l'excursion de Térénès, avec la visite dans la forêt domaniale du Folgoat, où se trouvent des huttes primitives de bûcherons, d'un caractère très curieux, il faut profiter des voyages spéciaux qu'organise, chaque année, la Compagnie des Vapeurs brestois, notamment à l'occasion du pardon annuel de Notre-Dame du Folgoat. Le dimanche 16 juillet 1905, les échos de la forêt retentirent de joyeux échos : les officiers du vaisseau de guerre français *Bouvines* recevaient en un succulent pique-nique leurs camarades anglais du *Prince George*, navire de l'escadre de l'amiral May. On prononça force toasts chaleureux sous les grands arbres habitués aux chants d'oiseaux.

Port-Launay-Châteaulin (Sous-Préfecture, 4.000 habitants). — On peut se rendre par bateau également, et en traversant la rade dans toute sa largeur du nord au sud, puis de l'ouest à l'est, à Port-Launay-Châteaulin, par la rivière. En descendant à l'escale de Trégarvan, dans la rivière de Châteaulin, on se trouve à proximité du massif du Menez-Hom, point culminant de toute la région, à trois cent trente mètres au-dessus du niveau de la mer. Il y a au moins deux départs chaque semaine, dont les affiches indiquent les heures. Le mieux est de se renseigner au bureau des Vapeurs brestois (Port de Commerce).

Camaret (Station balnéaire, Colonie de peintres et d'écrivains, 1.200 habitants). — En débarquant au Fret, le touriste peut gagner Camaret par voie de terre, mais il est plus intéressant de faire l'excursion par mer, quand le service d'aller et retour est assuré par les Vapeurs brestois. Camaret est un port de relâche et un port de pêche important. « Il n'était pas rare, autrefois, de voir deux et trois cents navires caboteurs y chercher un refuge. » Vauban fortifia Camaret où, nous l'avons vu d'autre part, les Anglais tentèrent jadis vainement un débarquement en masse. Les buts de promenade autour de Camaret sont nombreux et variés : citons la *Pointe du Toulinguet*,

---

puis, sur le revers de la presqu'île de Crozon, au sud, le *Tas de Pois*, les *Parquettes*, le *Château de Dinant*, la *Pointe de la Chèvre*. La presqu'île contient de nombreux monuments celtiques, dolmens, menhirs et alignements.

Le Trez-Hir-Le Conquet. — Les bateaux de la rade organisent, chaque été, quelques rares excursions vers le nord, au Trez-Hir, grande plage de sable fin, et au Conquet, port de pêche (plages du Portez et

Plage des Blancs-Sablons (Le Conquet)

des Blancs-Sablons). Mais les voyages par mer de Brest au Conquet sont des occasions tout à fait exceptionnelles.

Le touriste désireux de voir le Trez-Hir et le Conquet prendra plutôt le chemin de fer électrique qui le mènera rapidement et à bon marché au Trez-Hir et au Conquet-Blancs-Sablons. (Consulter notre volume-guide *de Brest au Conquet*).

BANLIEUE DE BREST

La banlieue de Brest est formée par trois communes : Lambézellec, Saint-Pierre Quilbignon et Saint-Marc.

Ces trois communes comptent une population totale d'environ 30.000 âmes, soit 18.000 pour Lambézellec, 10.000 pour Saint-Pierre Quilbignon, 3.000 pour Saint-Marc. Elles sont intimement liées à Brest, à telle enseigne que des annexions successives se sont produites et se produiront encore dans l'avenir, qui feront de ces agglomérations dispersées une seule et même ville, un seul et même bloc de plus de 100.000 âmes.

La proximité, la quasi-cohésion des trois communes suburbaines avec la portion centrale brestoise, font qu'il est difficile de découvrir dans la banlieue quelque chose d'original, de particulier qui ne soit pas du *déjà vu* à la ville : ce sont mêmes coutumes, mêmes mœurs, même langue, mêmes usages, mêmes familles souvent.

LAMBÉZELLEC

Lambézellec, considérée comme l'une des plus grandes communes de France, occupe la partie nord-est de Brest. Nous venons de voir le

Grande Brasserie de Kérinou (Chargement des voitures)

nombre considérable de ses habitants. Le tramway électrique mène de Brest à Lambézellec en quelques minutes. Le chemin de fer départemental y envoie chaque jour de nombreux trains. On peut gagner le bourg à pied sans fatigue, rien qu'en montant la rue de Paris, dont la partie haute après l'octroi est construite sur le territoire de Lambézellec.

Nous signalerons comme curiosités : le viaduc du chemin de fer départemental, qui constitue une innovation dans l'art de l'ingénieur (*Voir notre volume-guide* DE BREST A LA CÔTE, pages 22 et suivantes) ; l'église, dont le clocher a cinquante-huit mètres de hauteur. Lambézellec est considéré comme ayant été le siège d'une léproserie.

La principale industrie est ici la fabrication de la bière.

Grande Brasserie de Kérinou (vue à vol d'oiseau)

Lambézellec possède deux grandes brasseries :

Celle de Kérinou, dirigée par MM. Le Fraper, Goux et Cⁱᵉ, occupe cent ouvriers qui gagnent annuellement près de cent mille francs de salaires. Le service de livraison est assuré par une cavalerie composée de soixante chevaux. Des sources captées aux environs débitent cinq cent mille litres d'eau excellente par vingt-quatre heures. Le capital social est de un million. L'outillage, très moderne, offre toutes les garanties au point de vue mécanique, électrique et « brassicole ». On considère la Grande Brasserie de Kérinou comme l'une des plus importantes de Bretagne. Nous pensons qu'une visite dans ce vaste établissement intéressera le touriste.

Une deuxième brasserie est celle dite « Grande Brasserie de Lambézellec » ; elle s'élève au milieu d'un terrain de cinquante mille mètres carrés, à proximité du viaduc de la ligne départementale.

SAINT-MARC

Du côté Est de la ville de Brest, également, se trouve la commune de Saint-Marc, dont le territoire est baigné en partie par les eaux de la rade.

Comme Lambézellec, Saint-Marc est habité surtout par des travailleurs de l'arsenal et par des retraités. Beaucoup moins peuplée que sa voisine immédiate, la commune de Saint-Marc est très recherchée par les bourgeois aisés désireux d'avoir leur cottage non loin de la mer. C'est une villégiature agréable.

Le tramway électrique mène à Saint-Marc et s'arrête sur la place même de l'église. En continuant droit devant soi la grande route bordée de maisons, on arrive en un quart d'heure à la grève populaire dite de Saint-Marc, grève de galets mais toujours très fréquentée l'été par les Brestois...

SAINT-PIERRE QUILBIGNON

La commune de Saint-Pierre Quilbignon s'étend à l'ouest de Brest, de l'autre côté de la porte du Conquet, au delà de Recouvrance. Ses dix mille habitants sont, en majeure partie, rassemblés dans une seule et même rue, qui s'étend depuis la sortie de Recouvrance jusqu'à l'église. La traversée du bourg est plutôt monotone, mais le tramway électrique l'abrège et la facilite. Nous conseillons au promeneur de descendre en route, à la station du cimetière (la première après la porte du Conquet) et de gagner par le raidillon, sur la gauche, la plaine de Kerangoff, d'où l'on jouit d'un panorama splendide sur la rade et le goulet. Ce spectacle seul vaut l'excursion à Saint-Pierre. Au point terminus du tramway se trouvent l'église et la gare provisoire du chemin de fer électrique de Brest au Conquet. (Se procurer notre volume-guide *de Brest au Conquet* avant d'entreprendre cette intéressante promenade.)

Si, en descendant du car de Brest, vous prenez immédiatement la route à gauche, vous irez vers la plage de Sainte-Anne du Portzic (trois kilomètres environ à travers les sentiers), l'un des coins les plus charmants de la côte voisine de Brest.

Une excursion pédestre ou vélocipédique intéressante est, au lieu d'utiliser le tramway à la porte du Conquet, de prendre à gauche sur les fortifications, après le pont-levis, et de suivre le bord de la mer par le chemin de la corniche qui mène au phare du Portzic, au fort du même nom, puis, plus loin, en longeant toujours la côte, à la plage de Sainte-Anne, où l'on boit le bon bock, sous les charmilles — en regardant passer les bateaux !

TABLE DES MATIÈRES

VOIR PLUS LOIN

Les renseignements pratiques

pour les Touristes.

PHARMACIE RÉGIONALE

E. ANDRÈS

EX-INTERNE DES HOPITAUX

Délégué du Syndicat des Grandes Pharmacies françaises

BREST

11 ❖ Grand'Rue ❖ 11

(PRÈS LA PLACE DES PORTES)

Téléphone 1-16

Téléphone 1-16

La plus vaste
La plus importante
La mieux approvisionnée

MEILLEUR MARCHÉ QUE PARTOUT AILLEURS

Remise-Prime à tout acheteur

Seul Dépôt du

"PÉTROLÉOL PHILIPP"

à la Pilocarpine

CONTRE LA CHUTE DES CHEVEUX

Lotion indispensable pour l'entretien et la conservation de la chevelure.

MÉDAILLE D'OR, PARIS 1900

Le flacon : 2 fr.

RENSEIGNEMENTS PRATIQUES

pour

LES TOURISTES

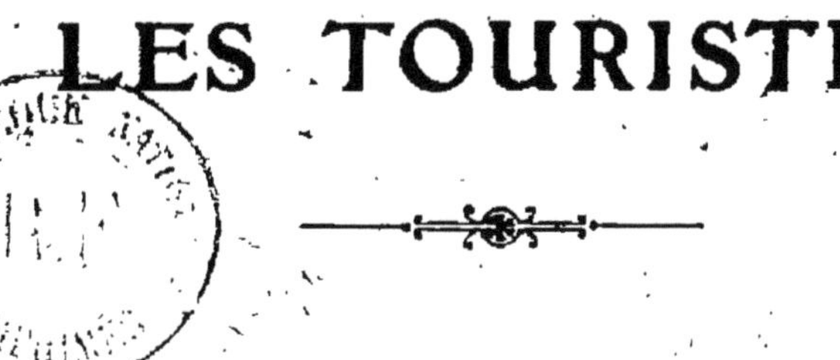

Les distractions brestoises

La Bibliothèque

Les Musées

Postes et Télégraphes

Les Églises

Environs de Brest

LES DISTRACTIONS BRESTOISES

LE GRAND THÉATRE

Le Grand Théâtre municipal de Brest, situé sur le Champ de Bataille, n'est ouvert régulièrement que du 15 septembre au 1er avril. Durant l'été, il est livré aux troupes de passage, qui y donnent d'assez fréquentes représentations.

Le théâtre peut contenir mille quatre cents places.

Les représentations sont données les dimanche, mardi, jeudi et samedi. Des matinées ont lieu les dimanches et jours fériés, à deux heures.

LE CASINO DE KERMOR

Casino balnéaire installé près de la forme de radoub des transatlantiques et de l'usine à gaz (quartier du Port de Commerce). Voir le plan de Brest, page 44.

Le Casino de Kermor possède un café-restaurant, une salle de petits chevaux, des garages pour autos et bicyclettes, un établissement de bains de mer très suivi. Le Casino est ouvert durant toute l'année et fréquenté surtout pendant la belle saison. Les dimanches d'été, de

Casino de Kermor

auditions musicales sont données de quatre à sept heures du soir. Le prix d'entrée est de vingt centimes les dimanches et jours fériés ; la semaine, l'entrée est gratuite.

Installé sur les terrasses du café de Kermor, par une belle après-midi, le consommateur jouit d'un panorama splendide sur la rade et sur la côte dite des Plougastels, qui élève, à l'autre bord de l'eau bleue, ses rives abondamment garnies de verdure et de fraîcheur ; on a devant soi le jardin des fraises et des primeurs, baigné par la mer, sur laquelle courent des voiles blanches et les noirs panaches de fumée des torpilleurs et des petits vapeurs.

LE CASINO BRESTOIS

Outre le Casino de Kermor, Brest possède le « Casino Brestois », celui-là situé rue de Siam, 111, non loin du grand pont National. La salle en est coquette et brillamment éclairée à l'électricité. Jusqu'à présent, la carrière de cet établissement a été mouvementée. Il a été fermé puis rouvert, pour être refermé encore. C'est un spectacle intermittent.

LES CONCERTS MILITAIRES

La fréquence des concerts militaires vient heureusement apporter aux Brestois et à leurs visiteurs étrangers des distractions régulières et soutenues.

Les concerts sont donnés à tour de rôle par la musique des équipages de la Flotte, la musique du 19e de Ligne, la musique du 2e d'Infanterie coloniale.

Les auditions musicales ont lieu, pendant la saison d'été, du 1er juin à fin de septembre, sur le Champ de Bataille, les mardi, jeudi et vendredi, de huit heures un quart à neuf heures et demie du soir.

Sur le cours d'Ajot, le dimanche, de quatre heures à cinq heures et demie.

En hiver, du 1er octobre à fin mai, sur le Champ de Bataille, les mardi, jeudi et dimanche, de trois heures à quatre heures un quart.

Les musiques se font également entendre à l'Hôpital maritime, le mercredi de chaque semaine, de trois heures à quatre heures.

LA BIBLIOTHÈQUE MUNICIPALE

La Bibliothèque de la ville de Brest est installée au premier étage de l'ancienne halle, vaste immeuble carré qui occupe le milieu de la place Sadi Carnot, non loin des grands hôtels et à proximité du Champ de Bataille. On y pénètre par un escalier très large, dont la porte d'entrée est située rue Traverse.

Les premiers ouvrages qui ont formé le noyau de la Bibliothèque municipale proviennent, pour la plupart, de l'antique abbaye de Saint-Mathieu.

La bibliothèque que les religieux avaient mis tant de siècles à former étant devenue, à la Révolution, propriété nationale, fut, en l'an II, transportée à

Brest et déposée dans la maison dite *Bureau des marchands* (sur l'emplacement de laquelle a été construite l'école communale des filles de la rue de la Mairie).

A ces livres furent réunis ceux des couvents des Carmes et des Capucins ; ils formèrent la Bibliothèque du district qui, d'après Cambry, se composait de vingt-six mille volumes.

Ce ne fut que vers 1843 que la Bibliothèque communale prit un certain essor. En 1849, elle comptait cinq mille volumes et, sur la proposition du maire, M. Bizet, elle fut aménagée dans les combles de l'Hôtel de Ville, puis ouverte au public le 9 octobre 1850.

L'année suivante, la ville acquit plus de quinze mille volumes, appartenant à M. Le Hir, jurisconsulte distingué, qui avait laissé, en mourant, une riche bibliothèque.

La Bibliothèque communale se trouvant ainsi augmentée d'un grand nombre d'ouvrages, il fallut lui réserver un local vaste et spacieux. Le Conseil municipal décida de l'établir dans une des galeries du premier étage de la halle aux blés.

Les travaux d'installation de la Bibliothèque durèrent un an ; le public y fut admis, pour la première fois, le 5 juillet 1853.

Elle possède aujourd'hui soixante mille volumes.

La Bibliothèque reçoit toutes les grandes revues littéraires, artistiques, historiques, scientifiques. Elle possède un superbe fonds d'histoire héraldique et réserve un local concernant la Bretagne. Ce fonds breton, de création toute récente, se compose aujourd'hui de plus de mille deux cents volumes, non compris la collection de journaux, revues et périodiques publiés en Bretagne.

Depuis le 1er juin 1901, la Bibliothèque est ouverte tous les jours, les dimanches et lundis exceptés, de dix heures du matin à six heures du soir, pendant les mois de juin, juillet, et septembre ; de dix heures à cinq heures et de sept à dix heures du soir pendant les autres mois. Elle est fermée tous les ans, d'une manière absolue, du 1er août au 1er septembre.

LES MUSÉES

LE MUSÉE DE PEINTURE & DE SCULPTURE

Le Musée de peinture et de sculpture de la ville de Brest est installé dans le même bâtiment que la Bibliothèque, dans les galeries de la Halle, place Sadi Carnot.

Il se compose de trois salles : elles sont presque entièrement remplies par les tableaux, dessins, gravures ; seize vitrines renferment des objets d'art, de curiosité, des monnaies et médailles, au nombre de quinze mille environ, une collection complète de minéraux et pierres du département, classée et donnée par M. Bariller, ancien adjoint de Recouvrance.

Le Musée est ouvert au public les jeudis, dimanches et jours fériés, d'octobre à avril, de onze heures du matin à quatre heures du soir ; d'avril à octobre, de onze heures du matin à cinq heures du soir.

Il est ouvert dans la semaine les mardi, mercredi, vendredi, samedi, de dix heures à quatre heures, quelle que soit la saison, aux artistes sur la présentation de leur carte de travail délivrée par le conservateur, et aux visiteurs étrangers sur la présentation de leur carte de visite.

Dans son catalogue-notice sur le Musée, M. Hombron, conservateur, donne la description détaillée des salles et de leur contenu. Nous empruntons à cette notice les renseignements qui suivent :

Depuis la construction de la Salle des Fêtes, les trois galeries du Musée se trouvent séparées.

Entrant par la porte principale, au rez-de-chaussée, à droite, se présente la salle nº 1.

Deux grandes toiles, envoi du Musée central du Louvre, le *Sacrifice d'Iphigénie*, de Ch. Coypel, et le *Jason et Médée*, de François de Troy, frappent les regards du visiteur, ainsi que le *Triomphe de Bacchus*, de M. Jobbé-Duval, dû à la libéralité de ses héritiers.

Montant ensuite l'escalier des Fêtes, au premier étage, à droite, est la salle nº 2, précédée d'un joli cabinet, dit le *cabinet rouge ;* on y a placé un buffet ancien breton, une belle console Louis XVI, des faïences anciennes de diverses provenances et quelques tableaux.

Suivent le cabinet Riou-Kerhallet et la salle principale, où se remarquent la *Mort de Porçon de la Barbinais*, par Poilleux-Saint-Ange, et le *Camille Desmoulins*, de Lyx.

Retournant sur nos pas, sur le même palier du premier, nous avons en face la salle nº 3, précédée aussi d'un cabinet garni d'œuvres artistiques contemporaines, et la grande salle, où nous sommes attirés par le *Jézabel*, de Guay ; l'*Épisode de la Bataille de Solférino*, par Paternostre ; un *Pelouse* et un petit Gudin très remarqués. C'est dans cette salle qu'est placé le beau plan du Brest ancien, de M. Touboulic, longtemps exposé au Musée maritime du Louvre, à Paris.

Dans les galeries, la collection des peintures est numérotée par ordre alphabétique, en noir sur papier blanc ; les gravures, lithographies, en noir sur papier jaune ; les aquarelles, pastels et dessins, en rouge sur papier blanc.

Les peintures les plus curieuses au point de vue de l'histoire locale et maritime sont :

D'ARGENT (Edouard-Yan), Hors Concours, Chevalier de la Légion d'honneur, peintre et dessinateur, né à Saint-Servais (Finistère), le 15 octobre 1824.

Nº 44. — *Mort du dernier Barde breton.* — Salon de 1865.

Nº 45. — *Une fameuse pêche en rivière d'Elorn, près Saint-Servais (Finistère).*

DIOSSE (Joseph), peintre décorateur, né à Paris en 1821.

Nº 52. — *La pointe de Pen-ar-Roch, à Ouessant (Finistère).*

Nº 75. — *Vue de Brest, prise de la rade, vers 1680, avant les fortifications de Vauban.*

Nº 76. — *La Mort de Patrocle.*

GILBERT (Pierre-Julien), Médaille de 2e classe en 1833, ancien professeur de dessin à l'Ecole navale, né à Brest le 15 mars 1783, mort à Brest le 21 septembre 1860. Il était Chevalier de la Légion d'honneur.

Nº 104. — *Combat soutenu, en 1513, par l'amiral Hervé de Portzmoguer contre une flotte anglaise.*

Nº 111. — *Combat de la Surveillante et du Québec, près Ouessant, le 6 octobre 1779.* — Salon de 1838.

LE GUEN (François-Léopold), né à Brest le 6 février 1828, ancien pensionnaire de la Ville à l'école des Beaux-Arts, à Paris ; il est mort peintre à la manufacture de Sèvres. (Ecole française contemporaine).

Nº 156. — *Combat naval.*

MAYER (Etienne-François-Auguste), Officier de la Légion d'honneur en 1867, ancien professeur de dessin à l'Ecole navale, né à Brest le

8 juillet 1805, mort dans cette ville le 21 septembre 1890. (Hors Concours.)

N° 172. — *Prise à l'abordage du vaisseau de la Compagnie des Indes, le Lord Nelson, par le corsaire de Bordeaux la* Bellone.

N° 173. — *Vue prise à Qreidabolstadur (Islande), le 16 juillet 1836.* — *Etude sur nature, à minuit.*

N° 174. — *L'Ile Vierge à Laberwrach, près Lannilis (Finistère).* — Etude.

N° 175. — *Baie des Blancs-Sablons (partie Nord), près Le Conquet (Finistère).* — Etude.

N° 176. — *Bec du Raz (Finistère).* — Etude.

N° 177.— *Donjon du Château de Trémazan, près Portsall (Finistère).* — Etude.

N° 178. — *Nuptadur (Islande), 13 juillet 1836.* — Etude.

N° 179. — *Pointe du Renard, près Le Conquet.* — Etude.

N° 180. — *Rochers dans l'est de Saint-Mathieu.* — Etude.

N° 181. — *Vue prise en aval du Vieux Pont, à Landerneau.* — Etude.

N° 182. — *Vue prise en amont du Vieux Pont, à Landerneau.* — Etude.

N° 183. — *Le Port Aliguen, près Saint-Mathieu du Conquet (Finistère).* — Etude.

N° 184. — *Baie du Toulinguet (partie sud), près Camaret (Finistère).* — Etude.

N° 185. — *Baie des Blancs-Sablons (partie sud), près Le Conquet (Finistère).* — Etude.

N° 186. — *Baie du Toulinguet (partie nord), près Camaret (Finistère).* — Etude.

N° 187. — *Manoir de l'Ile Tristan, près Douarnenez (Finistère).* — Etude.

Parmi les dessins, nous citerons ceux des frères Ozanne, portés aux pages 83 et suivantes du catalogue de M. Hombron, avec les mentions suivantes :

OZANNE (1) (NICOLAS-MARIE), graveur et dessinateur du Ministère, né à Brest, le 12 janvier 1728, mort à Paris le 5 janvier 1811.

N° 70. — *Vue de l'ancien Port de Landerneau.*

N° 71. — *Vue de Brest, à vol d'oiseau, au XVIII° siècle.*

N° 72. — *Vue de Keroriou et de la Rade de Brest.*

OZANNE (PIERRE), né à Brest le 3 décembre 1737, mort à Brest le 10 février 1813, graveur et dessinateur, ancien ingénieur de la Marine, au port de Brest.

N° 73. — *Projet d'une entrée monumentale du port de Brest.*

N° 74. — *Les bords d'une rivière.*

N° 75. — *Vue du Poul-ar-Velin, sur la rive droite de la rivière de Landerneau, en face de Saint-Jean de Plougastel.*

N° 76. — *Combat du vaisseau* le Formidable, *commandant Troude, contre les trois vaisseaux anglais* le César, *de 80 canons,* le Vénérable, *de 74, et* la Tamise, *de 30, le 23 messidor an IV.*

Parmi les gravures, M. Hombron cite encore :

OZANNE (NICOLAS-MARIE), graveur, né à Brest le 12 janvier 1728, mort à Paris le 3 janvier 1811.

----

(1) Beaucoup de ces dessins ne sont pas exposés faute de place.

Nº 109. — *Le Port de Vannes.* — *Vue prise de La Sautière, à haute mer.*

Nº 110. — *Embarquement au Port de Brest.*

Nº 111. — *Construction des bassins de Pontaniou au Port de Brest.*

Nº 112. — *Portrait de Nicolas Ozanne, par lui-même.*

Nº 113. — *Combat de Saint-Cast, livré aux Anglais, en 1758, par le duc d'Aiguillon.*

OZANNE (PIERRE), ancien ingénieur de la Marine, au Port de Brest, graveur et dessinateur, né à Brest le 3 décembre 1737, mort à Brest le 10 février 1813.

Nº 116. — *Accostage d'un bateau chargé de fraises.*

Nº 117. — *Combat de la Bayonnaise et de l'Embuscade, en décembre 1798, à cent vingt milles de l'île d'Aix.*

Nº 117 bis. — *Autographe de Pierre Ozanne, lettre au Préfet maritime Caffarelli.*

Une petite collection de bronzes, de marbres, de plâtres, de terres cuites complètent cet ensemble artistique intéressant.

LE MUSÉE RELIGIEUX

Un Musée religieux, archéologique et d'art populaire, fondé en 1900 par une initiative et grâce à des bonnes volontés toutes privées, réunit des monuments de sculpture, de peintures, des images, des médailles, etc., etc., d'un grand intérêt.

Ces objets, déposés par des personnes qui ont compris la haute portée de cette tentative, forment une collection dont l'étude est intimement liée à celle de l'histoire locale.

Quelques morceaux sont très remarquables, principalement au point de vue de l'hagiographie bretonne et de la statuaire populaire, depuis le XIIe siècle jusqu'à nos jours, dans le pays de Léon.

Le Musée, faute de local propre à le recevoir, a trouvé un asile momentané dans la tribune de la chapelle Saint-Joseph, rue Duquesne, grâce à la complaisance de M. le curé de Saint-Louis.

Il est généralement visible le mardi, de deux heures à quatre heures (entrée gratuite).

Parmi les monuments qui intéressent l'histoire et la légende, on peut citer :

L'ange de saint Houardon, tombeau en granit de l'époque mérovingienne, dans lequel la légende croit voir la barque miraculeuse qui transporta le saint en Armorique.

Le groupe de saint Guénolé et sainte Clervie. Le P. Albert Le Grand nous raconte, dans une de ses naïves légendes, comment sainte Clervie, fille de Fracan et sœur de saint Guénolé, eut l'œil arraché par une oie du troupeau qu'elle gardait — car en ce temps-là les filles du roi gardaient les troupeaux de leur père — et comment son frère la guérit miraculeusement. C'est ce miracle que reproduit le groupe conservé au Musée.

Le portrait de Dom Michel Le Nobletz, le fameux missionnaire breton.

L'antique Vierge de la chapelle des Sept-Saints, statue archaïque de la fin du XIVe siècle, provenant de l'église qui fut l'ancienne paroisse de Brest, avant la construction de Saint-Louis.

Le groupe si connu de saint Yves rendant la justice et repoussant les offres du riche pour donner au pauvre miséreux, dont la figure exprime à la fois la satisfaction et l'étonnement.

> *Sanctus Yvus erat Brito*
> *Advocatus et non latro*
> *Res miranda populo !*

dit le vieil hymne cité par les historiens du saint, patron des avocats.

Au nombre des pièces archéologiques, on trouve :

Le précieux rétable de la Nativité et de l'Adoration des Mages, panneau en chêne massif que cinq hommes peuvent à peine remuer, pièce d'une importance capitale pour l'iconographie chrétienne du Léon.

Plusieurs répliques de la Trinité, statue triple, de conception antique, destinée à rendre sensible à la foi naïve des fidèles le dogme fondamental du christianisme.

Le Christ triomphant, cette expression particulière du juge suprême, survivance conservée encore au xve siècle d'un concept remontant au ixe.

Au point de vue de l'art :

Le Christ au tombeau, statue d'une expression remarquable, qui fut jadis découverte dans les cryptes souterraines de l'église de Lesneven, violée en 1793.

Une tête de mendiant breton, modelage en cire d'une finesse merveilleuse. C'est le type du vieux mendiant breton d'autrefois, non pas de ces déguenillés qu'on rencontre encore courant de pardon en pardon, pour exploiter la charité publique au profit de leur paresse, mais de ces pauvres par nécessité qu'on aimait à accueillir comme « les amis des saints ».

Il est cassé par l'âge ; son front est sillonné de rides et son crâne dénudé. On devine, à l'attitude de la tête et à la tension du cou, qu'il ne devait cheminer qu'avec peine, appuyé sur ses béquilles.

Un dos de chape, d'un travail remarquable, datant de la fin du xve siècle. Broderies à l'aiguille sur toile, en laine, fil et soie, rehaussées de filigrammes d'or, et encadrant la scène du crucifiement.

Une grande quantité de statues remontant au xive siècle, des christs en ivoire et en bois.

Une collection intéressante de faïences bretonnes, statuettes, bénitiers, porte-burettes, etc...

Des médailles, des chapelets de noces bretons, des reliquaires, des souvenirs des lieux saints, etc.

Il faut se borner : nous en avons assez dit pour montrer qu'une visite au Musée religieux rendra plus amplement compte du haut intérêt qui s'attache à une œuvre qui a bien mérité de tous ceux qui ont quelque souci de l'art breton.

POSTES, TÉLÉGRAPHES & TÉLÉPHONES

La ville de Brest possède quatre bureaux de postes et télégraphes.

Le bureau principal est situé place du Champ de Bataille. Ouverture : sept heures du matin en été, et huit heures en hiver. Fermeture : neuf heures du soir, jours ordinaires ; midi fêtes et dimanches, à l'exception du guichet de la poste restante, ouvert jusqu'à neuf heures du soir. Le téléphone fonctionne jusqu'à minuit.

Outre le bureau principal, Brest possède trois autres bureaux :

A Recouvrance, rue Neuve, 47.

A l'Annexion, rue Saint-Martin, à gauche en allant vers l'église ;

Au Port de Commerce, quai de la Douane, n° 1.

LES ÉGLISES

Brest possède quatre églises principales :

L'*église paroissiale de Saint-Louis*, place du même nom, bordant la rue de la Mairie, date de 1692, et après avoir appartenu aux Jésuites est devenue, en 1740, propriété de la ville. Le 30 décembre 1793, l'église Saint-Louis fut transformée en temple de la Raison. Le conventionnel Jean Bon Saint-André monta en chaire et dépeignit les prêtres catholiques comme les apôtres de la superstition. Il conseilla à ses auditeurs d'abjurer le culte : « L'effet produit par ce discours, écrit M. Levot, fut instantané ; son auteur n'était pas descendu de la chaire qu'une foule frénétique lacérait les tableaux qui décoraient les autels, se ruait ensuite sur la chaire elle-même, œuvre d'art justement estimée, et la brisait ainsi que les statues de Charlemagne et de Saint-Louis, dont quelques personnes pieuses parvinrent à recueillir des fragments, qu'elles conservèrent comme de précieuses reliques. »

L'église Saint-Louis est la plus fréquentée de Brest. Elle vaut une visite. Nous citerons comme curiosités, derrière le chœur, à droite et à gauche, deux monuments funéraires, consacrés l'un à la mémoire de Charles-Louis du Couëdic de Kergoualer, Chevalier de l'Ordre royal et militaire de Saint-Louis, capitaine des vaisseaux du roi, né au château de Kerguéléven, paroisse de Pouldergat, le 17 juillet 1740, mort le 7 janvier 1780, des suites des blessures qu'il avait reçues dans le combat mémorable du 6 octobre 1779, alors qu'il commandait la frégate française la *Surveillante*, contre la frégate anglaise le *Québec*; l'autre à Mgr Graveran, ancien curé de Brest, représentant du Finistère à l'Assemblée nationale en 1848, mort évêque de Quimper en 1855. Un tableau du peintre Gilbert, exposé au Musée de Brest, reproduit l'épisode de la *Surveillante* et du *Québec*.

La façade de cette église, avec la tour qui la surmonte, présente un aspect bizarre, écrit M. Pradère.

À gauche et à droite de la principale porte d'entrée, se lisent deux inscriptions commémoratives du commencement et de l'achèvement de l'église.

Ces deux inscriptions sont surmontées des armes de la ville.

Les armes de Brest, adoptées en 1683, par délibération du 15 juillet, rappellent l'union de la Bretagne à la France : mi-partie de France à trois fleurs de lis d'or, mi-partie de Bretagne, d'argent semé de mouchetures d'hermine de sable.

Entre les deux tables qui portent les inscriptions, est un cartouche en tuffeau, sculpté par M. Poilleu, d'après un dessin de Frézier et contenant ces mots : *Domus Dei* et *Porta Cœli*.

Dans le tympan, le monogramme formé des lettres S L entrelacées tient la place qu'occupaient, avant la Révolution, les armes de la maison de Bourbon.

Deux grandes statues en tuffeau, l'une de saint Pierre, l'autre de saint Paul, occupent les niches pratiquées dans la façade, à gauche et à droite du portail.

Des quatre cloches que possède l'église Saint-Louis, la plus grosse, ou bourdon, pesant trois mille cinq cents kilogrammes, se nomme *Marie-Alexandrine*, et porte pour inscription : *Vox Domini in magnificentiâ*.

La seconde, du poids de huit cent cinquante kilogrammes, se nomme *Marie-Emma*, et porte la même inscription.

La troisième, pesant six cents kilogrammes, nommée *Joséphine*, porte pour inscription : *Laudate eum in tympano*.

La quatrième, enfin, du nom de *Félicité*, porte pour inscription : *In tympano psallant ei*. Elle pèse cinq cents kilogrammes.

Les orgues de Saint-Louis possèdent un magnifique buffet digne d'être remarqué. Ces orgues sont dues au frère Florentin, carme. Elles coûtèrent à la fabrique quatre-vingt mille livres en argent, plus une rente de deux cent cinquante livres qui fut constituée au profit de ce carme.

Elles ont été restaurées, en 1887, par MM. Stoltz, frères, de Paris.

L'instrument, dont le magnifique buffet a été seulement conservé, se compose de quarante-cinq jeux réels, trois claviers à mains, un pédalier complet, seize pédales de combinaisons, deux mille six cent soixante-douze tuyaux.

L'église des Carmes, située à l'angle des rues Saint-Yves et Monge est, comme celle de Saint-Louis, d'origine ancienne. Dès le commencement du XVIᵉ siècle, on voyait en cet endroit une petite église dédiée à Saint-Yves. En 1718, l'église actuelle des Carmes, construite sur les dessins de M. Robelin, remplaça l'église de Saint-Yves. Ce monument n'offre rien de remarquable en dehors de son ancienneté.

L'église Saint-Martin est, au quartier de l'Annexion, ce que Saint-Louis est à Brest : c'est la paroisse du quartier extra-muros. Elle fut, en 1864, érigée en paroisse de Brest. Au point de vue artistique, rien de particulièrement intéressant. En raison de sa situation sur l'un des points culminants de la place forte, le clocher de Saint-Martin a été choisi pour l'installation des signaux militaires, et, à l'heure d'une mobilisation générale, des pavillons spéciaux flottent autour des dentelles de son architecture de granit.

L'église Saint-Sauveur est la paroisse fréquentée par les habitants de Recouvrance. Elle remplaça, en 1799, l'antique chapelle qui servait aux « Yannick », le siècle précédent, pour honorer saint Sauveur, leur patron.

EXCURSIONS AUX ENVIRONS DE BREST

DE BREST AU CONQUET

L'excursion de Brest au Conquet est l'une des plus intéressantes à entreprendre.

Un chemin de fer électrique, dont la tête de ligne est installée *provisoirement* à Saint-Pierre Quilbignon, et que l'on rejoint en prenant le tramway dans la rue de Siam ou dans la rue de Paris, permet d'effectuer cette promenade dans les meilleures conditions de rapidité, de bon marché et de confortable.

Il existe un guide, *De Brest au Conquet* (1 franc), en vente chez tous les libraires ou dans toutes les gares.

Nous donnons à la page 145 du présent volume le tracé de la voie.

Voici le tableau des arrêts de la ligne :

1ᵉʳ **Arrêt.** — En partant de Saint-Pierre Quilbignon, le premier arrêt est celui du Fort Montbarey (*arrêt facultatif*). A proximité se trouve un chemin qui conduit à la Maison Blanche, en traversant les hameaux de Le Stang et Kerviou.

2ᵉ **Arrêt.** — Route de Sainte-Anne (*arrêt fixe*, garage). Cette route conduit à la plage de Sainte-Anne du Portzic (2.000 mètres), en passant devant le village du Gosquer.

3e Arrêt. — COATUELEN (*arrêt fixe*). A droite se trouve une route qui conduit aux villages de Ilioc, Coaténès, Kerbleut, et vient se raccorder à la route de Plouzané.

4e Arrêt. — LA TRINITÉ (*arrêt fixe*). A droite, la route de Plouzané ; à gauche, une route conduisant aux plages du Dellec (3.000 mètres), du Mengant, et se prolongeant jusqu'au Petit Minou, par le premier chemin à droite, tournant au carrefour des moulins et desservant les hameaux de Kersalaun, Kéréson et Quilihouarn.

5e Arrêt. — CHEMIN DU MINOU (*arrêt facultatif*). A gauche, petit chemin traversant les villages de Pont-Kalen, Kerourin et Kernéis pour venir ensuite se raccorder à la route du Mengant au Minou (3.200 mètres).

6e Arrêt. — ROUTE DU MINOU (*arrêt fixe*). A gauche, route conduisant au Minou (2.583 mètres).

7e Arrêt. — ROUTE DE PLOUZANÉ, CROIX-MARIE (*arrêt facultatif*). A droite, route conduisant directement à Plouzané (2.587 mètres), en traversant les villages de Kerrivin, Pen-ar-Pont et Le Cloître.

8e Arrêt. — CHEMIN DE TOULBROCH (*arrêt facultatif*). A gauche, chemin conduisant au fort de Toulbroch (2.500 mètres), en passant à proximité des villages de Languouhian et Languilorch.

9e Arrêt. — ROUTE DE LOC-MARIA, PEN-AR-MÉNEZ (*arrêt fixe*). A droite, route conduisant à Loc-Maria (2.250 mètres).

10e Arrêt. — CHEMIN DE TRÉGANA (*arrêt facultatif*). A gauche, chemin conduisant à la plage de Trégana (1.400 mètres) et desservant les villages de Trémen, Créach, Penquer.

11e Arrêt. — CHEMIN DE LOC-MARIA-KERILLO (*arrêt facultatif*). A droite, chemin allant à Loc-Maria (2.500 mètres), en passant à proximité des villages de Kerillo, Kerprigent, Goulven, Kerellean, Kerisconalch.

12e Arrêt. — PORS-MILIN (*arrêt fixe*). Chemin à gauche, conduisant à la plage de Pors-Milin (400 mètres environ).

13e Arrêt. — USINE DE PONROHEL (*arrêt fixe*). L'arrêt se fait devant l'usine génératrice de la Compagnie.

14e Arrêt. — LE GOASMEUR, ROUTE DE SAINT-RENAN (*arrêt facultatif*). A gauche, se trouve le village de Kerambosquer et, à droite, la route qui conduit à Saint-Renan (9.800 mètres), en passant à proximité des villages de Troharé, Goasmeur, le Plessix, Kerganou.

15e Arrêt. — LE TREZ-HIR (*gare*). A gauche, la route conduisant à la plage du Trez-Hir (1.150 mètres), pour se continuer jusqu'à Plougonvelin (sémaphore du Créac'hmeur à 2 kil. 500).

16e Arrêt. — CHEMIN DE PLOUGONVELIN (*arrêt fixe*). A gauche, la route conduisant à Plougonvelin (1.800 mètres) ; sémaphore de Créac'hmeur à un kilomètre environ dans le sud du village ; à droite, un chemin se dirigeant sur Ploumoguer, après avoir coupé la route de Saint-Renan. Saint-Mathieu à 5.500 mètres.

17e Arrêt. — SAINT-AOUEN (*arrêt facultatif*). Cet arrêt sert à desservir les villages de Tréflez et de Saint-Aouen.

18e Arrêt. — CHEMIN DE TRÉBABU (*arrêt fixe*). A l'embranchement de la route de Saint-Renan. A gauche, un petit chemin conduisant à Lochrist, puis à Saint-Mathieu, phare et ancienne abbaye à 3.500 mètres.

19e Arrêt. — LE CONQUET-BLANCS-SABLONS (*gare*). Point terminus de la ligne.

En dehors des points précités, le tramway ne s'arrête pas, même sur la demande des voyageurs.

Voici maintenant l'horaire de l'été 1906, communiqué par la Compagnie, dont le siège social est à Brest, 36, rue de Siam :

TRAMWAYS ÉLECTRIQUES DU FINISTÈRE (1re & 2e classe)

Service d'Été 1906

Ligne de Saint-Pierre Quilbignon au Conquet

ALLER

1re cl.	2e cl.	Kil.		matin	matin	matin	matin	matin	soir	soir	soir	soir	soir	soir	soir
»	»	»	St-Pierre... (dép.).	7.»»	8.»»	9.»»	10.»»	11.»»	1.»»	2.»»	3.»»	4.»»	5.»»	6.»»	7.»»
0.30	0.20	4	La Trinité........	7.14	8.14	9.14	10.14	11.14	1.14	2.14	3.14	4.14	5.14	6.14	7.14
1.»»	0.70	14	Le Trez-Hir.......	7.50	8.50	9.50	10.50	11.50	1.50	2.50	3.50	4 50	5.50	6.50	7.50
1.40	1.»»	20	Le Conquet.. (arr.).	8.10	9.10	10.10	11.10	12.10	2.10	3.10	4.10	5.10	6.10	7.10	8.10

RETOUR

1re cl.	2e cl.	Kil.		matin	matin	matin	matin	matin	soir	soir	soir	soir	soir	soir	soir
»	»	»	Le Conquet.. (dép.).	6.30	7.30	8.30	9.30	10.30	12.30	1.30	2.30	3.30	4.30	5.30	7.»»
0.40	0.30	6	Le Trez-Hir.......	6.50	7,50	8.50	9.50	10.50	12.50	1.50	2.50	3.50	4.50	5.50	7.20
1.10	0.80	16	La Trinité........	7.24	8.24	9.24	10.24	11.24	1.24	2.24	3.24	4.24	5.24	6.24	7.54
1.40	1.»»	20	St-Pierre.... (arr.).	7.40	8.40	9.40	10.40	11.40	1.40	2.40	3 40	4.40	5.40	6.40	8.10

Les dimanches et jours fériés, les départs ont lieu des terminus toutes les demi-heures.

Nota. - La correspondance pour voyageurs est assuré entre St-Pierre Quilbignon et Brest et vice-versa (3 kilomètres) par les tramways urbains

DE BREST A LA COTE

par les Chemins de fer départementaux

Les chemins de fer départementaux, dont la gare est située près de la grande gare de la Compagnie de l'Ouest, sur la droite en arrivant en ville, permettent aux touristes les plus intéressantes excursions et les plus variées.

Notre volume de *Brest à la Côte* (1 fr. 50) donne au sujet de ces promenades tous les détails les plus complets, tant au point de vue des localités desservies qu'à celui de leurs environs immédiats.

Voici la liste des localités desservies par les lignes de :

Brest à Portsall. — Lambézellec, le Rufa, Bohars, Guilers, Saint-Renan, Lanrivoaré, Plourin, Ploudalmézeau, Portsall.

Quatre trains dans chaque sens. (*Voir les horaires dans les indicateurs spéciaux*) (1).

Brest à l'Aberwrac'h. — Lambézellec, le Rufa, Gouesnou, Plabennec, Plouvien, Lannillis, l'Aberwrac'h.

Trois trains dans chaque sens. (*Voir les horaires dans les indicateurs spéciaux.*)

Brest à Plouescat. — Lambézellec, le Rufa, Gouesnou, Plabennec, Ravéan, Loc-Maria, le Drennec, le Folgoët, Lesneven, Plouider, Tréflez, Plounévez-Lochrist, Plouescat.

Trois trains dans chaque sens. (*Voir les horaires dans les indicateurs spéciaux.*)

Landerneau à Brignogan. — Plouédern, Trémaouézan, Ploudaniel, Lesneven, Plouider, Goulven, Plounéour-Trez, Brignogan.

Quatre trains dans chaque sens. (*Voir les horaires dans les indicateurs spéciaux.*)

La ligne de Brest à l'Aberwrac'h se détache, au Rufa, de celle de Brest à Portsall.

A Plabennec, la ligne de Brest à Plouescat se sépare de celle de Brest à l'Aberwrac'h.

La ligne de Brest à Plouescat rejoint, à Lesneven, celle de Landerneau à Brignogan ; elle la suit de Lesneven à Plouider et s'en sépare à cette dernière station pour se diriger sur Plouescat.

PAR LES VAPEURS BRESTOIS

Nous avons indiqué, d'autre part, quelles sont les excursions à faire par les Vapeurs brestois.

Le tableau ci-après facilitera l'élaboration des projets de promenade.

---

(1) Ces horaires étant susceptibles de modifications, nous ne saurions les imprimer ici sans risquer d'induire le touriste en erreur.

SOCIÉTÉ ANONYME DES VAPEURS BRESTOIS

Remorquages ✦ Promenades ✦ Location de Vapeurs

A DATER DU 15 MARS
SERVICE D'ÉTÉ (Temps permettant)

JOURS des départs	DÉPARTS DE BREST POUR						JOURS des départs	DÉPARTS POUR BREST DE					
	LE FRET		LANVÉOC		QUÉLERN			LE FRET		LANVÉOC		QUÉLERN	
	matin	soir	matin	soir	matin	soir		matin	soir	matin	soir	matin	soir
Lundi	7 h. 1/4	4 h. 1/2	7 h. »»	4 h. 1/4	»	»	Lundi....	8 h. 1/2	5 h. 3/4	8 h. 1/4	5 h. 1/2	»	»
Mardi	»	»	»	»	7 h. 1/4	4 h. 1/2	Mardi....	»	»	»	»	8 h. 1/2	5 h. 3/
Mercredi.	7 1/4	4 1/2	»	»	»	»	Mercredi	8 1/2	5 3/4	»	»	»	»
Jeudi.....	7 1/4	4 1/2	»	»	»	»	Jeudi ...	8 1/2	5 3/4	»	»	»	»
Vendredi.	7 1/4	4 1/2	7 »»	4 1/4	»	»	Vendredi	8 1/2	5 3/4	8 1/4	5 1/2	»	»
Samedi...	»	»	»	»	7 1/4	4 1/2	Samedi..	»	»	»	»	8 1/2	5 3/
Dimanche	7 1/2	4 1/2	7 »»	4 1/4	»	»	Dimanche	8 3/4	5 3/4	8 1/4	5 1/2	»	»

SERVICE DU FRET

A dater du 1ᵉʳ juillet, tous les jours, aux heures indiquées plus haut, avec service supplémentaire jusqu'au 30 septemb

Départ de Brest pour le Fret, à 10 heures du matin ; départ du Fret pour Brest, à 11 heures du matin.
Il y a au Fret des voitures desservant les hôtels de Crozon, Morgat et Camaret.
Prix des places : 0 fr. 50 ; passerelle et salon, 0 fr. 25 en plus à chaque traversée. Les enfants de trois à sept ans paient ni-place. Chiens, l'un, 0 fr. 10.
Transport de chevaux, voitures et automobiles, quand la marée le permet.

SERVICE POSTAL LE CONQUET-OUESSANT
Avec escale à Molène

A dater du 1ᵉʳ mai, les mardi, jeudi, samedi.
Départ du Conquet à 6 heures du matin ; départ de Ouessant, vers 2 heures du soir.
Prix des places : Conquet-Molène, 0 fr. 75 ; Conquet-Ouessant, 1 fr. 50. Les enfants de trois à sept ans paient demi-place

SERVICE ENTRE MORGAT & DOUARNENEZ

A dater du 10 juillet, les lundi, mercredi, jeudi, samedi et dimanche (temps permettant).
Départs de Morgat à 7 h. du matin et 5 h. du soir ; départs de Douarnenez à 9 h. du matin et 7 h. 1/4 du soir.
Prix des places : aller et retour, 3 fr. ; simple, 2 fr. Passerelle, 0 fr. 50 en plus à chaque traversée. Les enfants de trois à sept ans paient demi-place.
NOTA. — Les billets d'aller et retour ne sont valables que pour la journée.

SERVICE DE BREST A CHATEAULIN
et vice-versa (Landévennec)

Deux départs par semaine, selon la marée. — Se renseigner au bureau.

Promenades d'été tous les dimanches (consulter à cet effet les affiches et journaux de la localité).
Embarcadère et Bureaux au premier bassin du Port de Commerce.

PAR LES CHEMINS DE FER

Par les Chemins de fer de l'Ouest, au départ de Brest, le touriste peut se rendre :

Au RODY. — Joli coin de campagne, à cinq minutes de Brest.

A KERHUÒN (Passage de Plougastel). — A un quart d'heure de Brest.

A LA FORÊT. — A vingt minutes de Brest, pays boisé, accidenté. On peut gagner Landerneau à pied : jolie promenade dans les bois.

A LANDERNEAU. — A vingt-six minutes de Brest, vieille ville curieuse de sept mille habitants. Bifurcation pour la ligne d'Orléans : de Landerneau à Châteaulin, Quimper, Quimperlé, Lorient, Vannes, Redon, Nantes.

A LA ROCHE-MAURICE. — A cinq minutes de Landerneau, ruines d'un vieux château féodal. Pays très pittoresque.

A MORLAIX. — A une heure et demie de Brest, sous-préfecture, seize mille habitants. Vieille ville curieuse. Viaduc célèbre. Curiosités locales.

Au HUELGOAT. — Changer de train à Morlaix (Voir les indicateurs), mille six cents habitants. Fréquenté par de nombreux artistes. Vallée de la rivière d'Argent, rochers très curieux. Dans la vallée, sur la rive gauche, à sept cents mètres environ du moulin, la plus belle pierre branlante de toute la Bretagne. C'est un énorme bloc de granit, d'une forme prismatique, mesurant trois mètres cinquante de côté sur sept mètres de longueur, posé sur une de ses arêtes au versant d'un banc de granit ; malgré son poids considérable, un homme le fait osciller facilement. Un peu plus loin, à environ mille cinq cents mètres de Huelgoat, tout près de la route de Carhaix, dans un site admirable ombragé par de grands arbres et parsemé d'énormes rochers, la rivière d'Argent disparaît en tombant avec fracas dans une fissure, pour reparaître à trois cents mètres de là sous les futaies, calme et apaisée. Dans la forêt de l'Etat, à droite de la route, on remarque des vestiges d'un ancien camp romain, le *camp d'Artus*, et plusieurs tumulus et menhirs. A trois kilomètres sont les anciennes mines de plomb argentifère de Poullaouen. Sur la route de La Feuillée, à cinq cents mètres environ du bourg, un amas de rochers dit *Roc'h an Ilis* (rochers de l'église) est également à voir.

A ROSCOFF. — Changer de train à Morlaix. Cinq mille habitants, pays célèbre par ses primeurs. Plages, bains de mer. (Ile de Batz à proximité).

MM. les Commerçants et Industriels qui ont fait de la publicité dans le présent volume ont été prévenus par notre agent que cette publicité est valable seulement pour cette première édition. Ceux de nos clients qui désirent continuer leur publicité dans les éditions successives sont priées de renouveler leur versement.

Maison LEHIDEUX

Rue Saint-Yves, 19 et Place Latour d'Auvergne ❖ BREST

Unique dépôt des Gâteaux " CRUCER LALY "
B. GUILLAUME, Successeur ⚬ DE LORIENT

Cafés Bourbon, Moka, Martinique, etc., garantis d'origine
THÉS DIVERS DE QUALITÉ SUPÉRIEURE

ÉPICERIES FINES

Biscuits Français et Anglais des Manufactures les plus renommées
MAGGI, Produits alimentaires

SPÉCIALITÉ DE FROMAGES

(Gruyère, Roquefort, Brie, Camembert, Chester, La Trappe, Livarot, Hollande, etc.)

HUILE D'OLIVE VIERGE, DE GAL, DE NICE, Pureté et Limpidité parfaites

DÉPÔT DES EAUX MINÉRALES FRANÇAISES & ÉTRANGÈRES

Alcool de Menthe RICQLÈS Antiépidémique
ET ARTICLES DE DROGUERIE

Maison A. LAURENCE

Vᵒʳ & Aᵃ VARDON

G. ÉLÉOUET

Successeur

GROS + DÉTAIL

Cotons à Tricoter — Mercerie, Laines, Parfumerie
Spécialité de Fournitures pour Machines à coudre
Chaussons, Espadrilles, Pantoufles, Articles de Paris
Spécialité de Boutons en tous genres

16, Grand'Rue, BREST

SOCIÉTÉS D'ASSURANCES
MUTUELLES DU MANS
IMMOBILIÈRE & MOBILIÈRE
CONTRE L'INCENDIE

Fondées en 1828 et 1842

ET AGRÉÉES PAR LE CRÉDIT FONCIER DE FRANCE

DIRECTIONS GÉNÉRALES AU MANS

Société Immobilière.......... Rue du Bourg-d'Anguy, 37

Directeur général : M. le Vicomte de la Touanne, ✲.
Directeur adjoint : M. le baron de la Touanne.

Société Mobilière........................ Rue Chanzy, 37

Directeur général : M. Gustave Singher.
Directeur honoraire : M. Ad. Singher, C. ✠.

Situation au 1er Janvier 1906

Nombre de Sociétaires **533.578**
Valeurs assurées .... **6.121.767.334** fr.

CES SOCIÉTÉS ONT ÉPROUVÉ DEPUIS

77 ans pr l'Immobilière	**33.788**	sinistres, montant à	**17.497.926** fr.
64 ans pr la Mobilière.	**143.447**	— —	**16.329.730** fr.
Ensemble.....	**177.235**	sinistres, montant à	**33.827.657** fr.

Ces sinistres, réglés immédiatement, ont été intégralement payés aussitôt après leur règlement, sans contestation.

Depuis leur fondation, les Sociétés ont attribué la somme de **301.581** francs, à titre de Subventions aux Compagnies de Sapeurs-Pompiers.

Les Réserves et Fonds de Prévoyance en titres et numéraire dépassent 5 Millions de francs

FONDS DE GARANTIE : **Dix Millions de francs**

Il est à observer que n'ayant pas d'actionnaires et par conséquent, n'ayant pas de gros dividendes à leur payer chaque année, (contrairement à ce qui se passe dans les Compagnies dites à primes fixes), les *Mutuelles du Mans* assurent à des prix de 20 à 30 % inférieurs à ceux de ces Compagnies.

S'ADRESSER AUX DIRECTEURS PARTICULIERS :

MM. RAILLARD, 17, rue Voltaire, à Brest.
De COUESNONGLE, 46, quai de l'Odet, à Quimper.
DEBROISE, Enclos aux Capucins, à Ploujean.
LE NAOUR, à Pont-Aven.
PARY, à Carhaix.
De TORQUAT, 18, rue de la Garenne, à Vannes.
De GOUTTEPAGNON, 3, avenue du Faouédic, à Lorient.
BERTHELOT de la GLÉTAIS, à Ploermel.

Vins & Spiritueux

EN GROS

René HARDY

Rue du Cimetière, 66

BREST

RECOMMANDÉ
aux familles

SERVICE
à
LA CARTE

Coquerie des Fraises

P. BODET

Restaurant

RÉPUTÉ POUR SA BONNE CUISINE

BREST ❖ Rue Frézier ❖ BREST

Entre la Grand'Rue et les Halles St-Louis

SALLES AU PREMIER

PRODUITS ALIMENTAIRES
Gros et Détail

Maison Ch. PARMENTELOT

5 bis, Rue du Château et 2 ter, Rue de la Mairie

BREST

3 Diplômes d'honneur, 4 Médailles d'or, 5 Médâilles d'argent, 16 Médailles de bronze

FOURNITURES A LA GUERRE & A LA MARINE

Fabrique de Choucroute

GRAND CHOIX DE CONSERVES

Spécialité de Café et de Thé

LAIT - BEURRE - ŒUFS - FROMAGES DE CHOIX

Petits Suisses, Cœurs

Vins fins et Liqueurs

Succursale : HALLES St-LOUIS (Pavillon aux fleurs)

LIVRAISONS A DOMICILE

LA DÉPÊCHE DE BREST

JOURNAL QUOTIDIEN DU MATIN
Organe de la Région Bretonne

Rédacteur en chef : Louis COUDURIER

Bureaux : 25, rue de la Rampe

BREST (Champ-de-Bataille)

Tirage justifié : 55.000 exemplaires

PUBLICITÉ TRÈS RECHERCHÉE

ABONNEMENTS

	1 an	6 mois	3 mois
Finistère et limitrophes	**20** fr.	11 fr.	6 fr.
France	**28**	15	8
Colonies	**32**	17	9
Etranger (Union postale)	**35**	18	10

La **Dépêche de Brest**, qui vient d'entrer dans sa 21ᵉ année, se publie depuis le 6 mars 1906 sur le format du journal le *Temps*, de Paris. Elle est ainsi **le plus grand journal de province.**

Ce journal est propriétaire d'un fil télégraphique spécial, qui relie directement sa rédaction parisienne (101, rue Richelieu, Paris) à ses bureaux de Brest : c'est l'un des plus longs fils télégraphiques de presse qui existent au monde ; sa construction a coûté cent mille francs.

La **Dépêche de Brest** arrive dès la première heure sur tous les points de la Bretagne. Son service d'informations, admirablement organisé, permet de donner satisfaction aux lecteurs les plus exigeants.

Les touristes, les voyageurs, les habitués des plages bretonnes sont assurés de trouver dans ce journal les nouvelles les plus récentes, les plus fraîches, — la *Dépêche de Brest* n'étant pas faite à coups de ciseaux, mais à coups de télégraphe Hughes.

J. GRIGNOUX

Pharmacien de 1re classe

Rue de Siam, 109 - BREST

(PRÈS DU CASINO)

Produits chimiques, galéniques, vétérinaires

DE 1er CHOIX

Spécialités pharmaceutiques

EAUX MINÉRALES FRANÇAISES & ÉTRANGÈRES

Herboristerie - Bandages - Bas à varices

ACCESSOIRES DIVERS

Analyses médicales et industrielles

Bons Placements, Bons Revenus

SOCIÉTÉ GÉNÉRALE ANGLAISE & FRANÇAISE

(LIMITED)

CAPITAL AUTORISÉ DE 25 MILLIONS DE FRANCS

Pour favoriser les rapports commerciaux et industriels

ENTRE LA FRANCE & L'ANGLETERRE

Correspondant : 27, rue de la Rampe, Brest

Cette Banque, établie en 1885 dans les Iles de la Manche et enregistrée par Acte de la Cour Royale Anglaise en 1895, a des correspondants dans toute l'Europe. Son siège social est 7 et 9, New Street, St. Hélier, Jersey, avec agence à Guernesey et siège administratif à Paris.

Depuis vingt années cette Banque délivre des Bons remboursables au Porteur et portant intérêt aux taux suivants :

Pour ceux remboursables dans :

5 ans, l'intérêt est de 5 pour cent l'an

4 ans, l'intérêt est de 4 fr. 50 pour cent l'an

3 ans, l'intérêt est de 4 fr. 25   »   »

2 ans, l'intérêt est de 4 fr.   »   »

1 an, l'intérêt est de 3 fr. 75   »   »

(Les intérêts sont payés nets d'impôts)

Ces bons sont respectivement de 100, 500, 1.000, 2.500, 5.000, 10.000 et de 12.500 francs avec coupons d'intérêts détachables et payables tous les trois mois dans *tous les pays où se trouve le porteur*, de même qu'il reçoit le montant des Bons échus sans aucun dérangement ni aucun frais.

La Banque remet gratis des carnets de chèques pour ses déposants et elle paie 2 0/0 d'intérêts l'an sur les dépôts en comptes-courants et 3 fr. 25 à huit jours d'avertissement.

Elle avance de l'argent au taux usuel sur Actions, Obligations, Fonds d'Etat cotés à la Bourse.

Elle opère le paiement d'intérêts et des coupons de dividendés sous la retenue seule de l'" Income Tax " s'ils sont payables à Londres, mais elle rembourse sur demande l'" Income Tax " après certaines formalités ; les coupons payables à Paris sont payés sans aucune commission.

La Banque se charge des achats et ventes de fonds publics et de toutes autres valeurs cotées à la Bourse de Londres, Paris, Berlin, etc., et aussi des paiements, transferts, et vérifie gratuitement les tirages de valeurs desquels elle possède toutes les listes, " Ville de Paris ", Bruxelles, Crédit Foncier, etc. Elle escompte les chèques sur l'Angleterre avec la prime, sur la France et la Belgique. Elle fournit des chèques payables en Angleterre, en France, en Belgique et sur toutes autres places de commerce aux meilleures conditions.

Change les monnaies d'or et d'argent de toutes les nations.

Tous renseignements financiers concernant les valeurs cotées ou non dans les Bourses européennes, sont donnés aussi gratuitement.

II

FABRIQUE DE BOUCHONS

MAISON FONDÉE EN 1882

Fournisseur de la Marine

Bordeaux - Médaille d'Or

Brest - Médaille d'Or

J. LAFFITTE FILS

9, Place Carnot - BREST

La Maison envoie à toute personne qui en fait la demande, comme échantillons, franco de port et d'emballage, en gare du destinataire, 1.000 bouchons litres, coniques ou cylindriques, dans les prix de 3, 4, 5, 6, 7, 8, 10, 12, 15, 16, 18 et 20 fr. le mille.

Articles de caves de toutes sortes : Égouttoirs, Porte-Bouteilles, Machines à boucher, Caoutchoucs, Pompes à vins, à soutirer, de première marque, Cire, Robinets bois et cuivre, Mèches soufrées, Lièges pour la pêche, de toutes dimensions, *à des prix très modérés.*

Demandez la **Clef-fosset aérifère Thésée-Laffitte**, déposée conformément à la loi, brevetée S. G. D. G., France et Etranger.

> *Par l'ingéniosité de votre système de clef, vous préserves certes les liquides de leurs ennemis contenus dans l'air.*
>
> L. PASTEUR.

La **Maison Laffitte** a obtenu, dans différentes Expositions Françaises et Etrangères, vingt grands prix, grands diplômes d'honneur et hors concours, membre du Jury; Exposition Franco-Russe, Palais des Beaux-Arts, Paris.

Vins & Spiritueux en Gros

DISTILLERIE

THÉOPHILE NICOL

LESNEVEN (Finistère)

FINE ARMORIQUE
Quinquina " Me ar Mestr "

Seul acquéreur de plusieurs crus classés et bourgeois 1904 de la Gironde, et principalement du Médoc, tels que **Marquis de Terme, La Mariotte, Latour de Bessan**, partie **Grand Margaux** et la totalité du **Château Latour 1902**, ainsi que plusieurs autres récoltes du Médoc et du Cubzavais, représentant environ mille tonneaux.

"Indicateur Brestois"

FONDÉ EN 1878

34, Rue du Château (près la Poste), BREST

ANCIEN CABINET CHAUVEL-RIGUBERT

J. DIJONNEAU

Ancien Clerc de Notaire, Successeur

Gérances d'Immeubles — Locations — Assurances
Recouvrements — Demandes d'Assistance judiciaires
Vente et Achat de Propriétés
Cession de Fonds de Commerce, etc.

Grand Établissement de Bains de Brest

15, RUE DU CHATEAU, 15

Changement de Propriétaire

TRANSFORMATION COMPLÈTE & MODERNE

Bains simples & médicinaux

SUR PLACE & A DOMICILE

HYDROTHÉRAPIE COMPLÈTE — BAINS DE VAPEUR

Massage ⟶ Pédicure ⟶ Manicure

SPÉCIALITÉ DE BLANCS

L. MINGUY

BREST — Rue de Siam, 26 — BREST

" AU LYS "

TROUSSEAUX & LAYETTES

Lingerie confectionnée pour Dames et Enfants
Spécialité de TOILETTES de COMMUNION sur mesure
Entièrement faites à la main, depuis **40** francs
Toilettes de Lingerie pour Bals, Mariages, Soirées et Colonies

Succursale à **LORIENT**, " AU LYS ", 28, cours de la Bove

VINS ✳ SPIRITUEUX

Bordeaux & Bourgogne

CHAMPAGNE • MOUSSEUX

Liqueurs de toutes marques

ENTREPRISE

de

Travaux publics et Bâtiments civils

Désiré SALAUN

10, Rue Massillon, 10

BUREAUX & ATELIERS :

2, Rue Amiral Paris, 2

LAMBÉZELLEC-BREST

Téléphone : 1-90

CHANTIERS :

BREST • Rue Branda • BREST

39. AUX MINES D'ECUME. FABque de PIPES. 39.
FABRICATION RÉPARATION

DISTILLERIE DE GOUDRONS

Usine à SAINT-MARC (près BREST)

CHALET MODÈLE
Diplômé à l'Exposition internat¹ᵉ de Brest

PRODUITS RÉSINEUX ET ASPHALTIQUES

Huile créosotée, supérieure au carbonyle, pour la conservation du bois

Vernis noir métallique — Peintures vernissées de toutes couleurs

Toitures-Terrasses en ciment armoricain et carton hydrofuge spécia

Carton-feutre hydrofuge asphalté contre l'humidité des murs

CARTON-FEUTRE HYDROFUGE SABLÉ POUR TOITURES

Fabrique de Mastic pour vitriers

Entreprise générale de Couvertures, Ardoises, Zinguerie, Plomberi

Médailles d'or et d'argent

Louis PÉRON

BREST ✦ 8, Rue Victor-Hugo, 8 ✦ BREST

Adresse télégraphique : PÉRON-CARTON-BREST

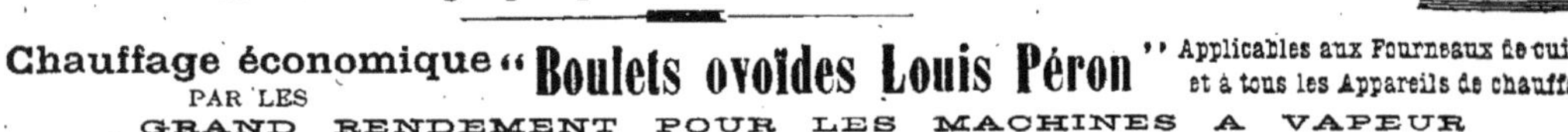

Chauffage économique PAR LES **"Boulets ovoïdes Louis Péron"** Applicables aux Fourneaux de cuisi et à tous les Appareils de chauffage

GRAND RENDEMENT POUR LES MACHINES A VAPEUR

CAFÉS SUPÉRIEURS

Thés de Chine & des Indes

CHOCOLAT GRONDARD

A TOUTE HEURE

Thé, Café et Chocolat à la tasse

L. BOURIOUX

39, Rue Saint-Yves - BREST

Maison fondée en 1888 et renommée pour la vente exclusive de ses THÉS et CAFÉS fins, certifiés d'origine

CAFÉS

VERT, de **3**f **50** à **5** fr. le kilo ; GRILLÉ, de **4**f **80** à **6**f **40** le kilo

THÉS, de **6** fr. à **24** fr. le kilo

BRULAGE TOUS LES JOURS

Expéditions par Postaux

CONDITIONS SPÉCIALES AUX ÉTABLISSEMENTS

GRANDS VINS, certifiés d'origine, de la Maison BLANDY FRÈRES, de Funchal (Ile de Madère), et PORTO de la Maison HOOPER FRÈRES, d'Oporto (Portugal), de **3** à **12** fr. la Bouteille.

HABILLEMENTS

Pour Hommes

Équipements Militaires

R. SALAUN

TAILLEUR

Place du Champ-de-Bataille

Fourrures

"Grand Hôtel de France"

1, RUE DE LA MAIRIE, 1

BREST

☞ Près des Gares et de la Poste

Mme LABBÉ, Propriétaire

TÉLÉPHONE 1-71

Buvette de la Gare de l'Ouest

A BREST

CONSOMMATIONS DE 1res MARQUES A TOUTES HEURES DES TRAINS

Recommandée aux Voyageurs

Instruments agricoles et horticoles - Travaux de serrurerie

8 Médailles or, argent, bronze. Diplôme d'honneur

Paul LE CALLENNEC, Fils

Constructeur-Mécanicien

Rue Inkermann (Quartier du Pilier-Rouge) LAMBÉZELLEC-BREST

Serres		Charrues
Grilles		Semoirs
Marquises		Herses
Châssis		Sarcleuses
etc.		Echelles
Charpentes en fer		etc.

Construction et réparation de machines industrielles - Etudes de plans et devis

"Au Planteur Javanais"

Maison F. MÉNARD

29, rue de Paris — BREST

Maison Spéciale pour les Cafés verts et grillés

(ORIGINE GARANTIE)

Café, Biscuits et Gâteaux secs pour Desserts

THÉ ❖ CHOCOLAT

Pâtes alimentaires et tous produits d'alimentation

VINS, RHUMS, EAUX-DE-VIE & LIQUEURS

de toutes marques et de toutes sortes

Grand choix de Boîtes pour Baptêmes – Dragées & Bonbons fins

Les soins spéciaux apportés à la torréfaction des Cafés ont valu à cette Maison la meilleure renommée de la région.

TORRÉFACTION MÉCANIQUE TOUS LES JOURS

Chaque fois que pour un Baptême,
L'on veut être bien servi,
L'on va à la Maison que tout le monde aime,
Unique à Brest : **LE 29 RUE DE PARIS !**

ÉTABLISSEMENT DE 1er ORDRE

Grand Hôtel de France

G. DUGOY, Propriétaire

HUELGOAT (FINISTÈRE)

(Fontainebleau Breton)

Recommandé par le T. C. F.; l'A. G. A.; A. C. F.
U. V. F.; C. T. C. d'Angleterre et de Belgique. —
Correspondant du Chemin de fer. — Service des Postes.

ÉCLAIRAGE ÉLECTRIQUE

Grand Garage pour Autos et Bicyclettes

CHAMBRE NOIRE POUR PHOTOGRAPHIE

Grande Annexe dominant le Lac et le Chaos

ATELIER DE PEINTRES

Médaille d'or, Paris 1903. — Médaille de vermeil, Lille 1902
Grand Prix, Hors concours, Bordeaux 1904

CORRESPONDANT DU VÉLOCE-CLUB BRESTOIS

On trouve à l'Hôtel de France des Tickets
pour la pêche à la truite sur le lac.

Savonnerie Brestoise

BREST-LAMBÉZELLEC

Ancienne Maison P. SEVRÉ

USINE : Rue de la Vierge, 168, 170, et rue Racine, 1

SAVONS D'OLÉINE & MARBRÉS

Fabrique de Chandelles, Suifs et Crétons - Suif pour machines à vapeur

A. PELLEN

Gendre & Successeur

Maison ERARD-DURAND

Fondée en 1810

ÉRARD FRÈRES

BREST

Rue de Paris, 125

MERCERIE - BONNETERIE - LAINES

Sacs & Papiers d'emballage

CHAUSSONS, ESPADRILLES

et Chaussures d'été

COUTELLERIE ✠ BROSSERIE

Articles de Paris

ARTICLES DE BUREAUX DE TABAC

Fournitures à la Marine

Hôtel des Voyageurs

QUÉNOT

BREST · 16, rue de Siam · BREST

Annexe : 24, rue de la Mairie

Recommandé par sa Table et son Confortable

GRAND GARAGE - CHAMBRE NOIRE

Pharmacie Centrale de Brest

49, rue de Siam

L. RAMÉE

Pharmacien de 1ʳᵉ Classe

La Pharmacie Centrale de Brest, ne pratiquant pas le rabais si funeste à la santé des malades et à la réputation professionnelle du pharmacien, offre au public à des prix raisonnables et consciencieux, tous produits chimiques ou galéniques de premier choix, toutes les préparations médicales rigoureusement exécutées. Elle tient également toutes les spécialités pharmaceutiques et eaux minérales françaises et étrangères. Elle se charge de tous les travaux d'analyses chimiques et industrielles.

EN DÉPOT :

1º Le **Baume pectoral Martin Toms et l'Onguent,** spécifiques infaillibles des maladies de la poitrine ;

2º Le **Traitement du Chartreux,** remède souverain des rhumatismes, de la goutte et autres maladies arthritiques ;

3º La **Lotion Dequéant,** contre la chute des cheveux, la calvitie, les maladies de la barbe et du cuir chevelu, les pellicules et la pelade.

Des prospectus sont délivrés gratuitement pour ces produits, sur la demande du client.

CHEVILLOTTE FRÈRES

Armateurs à BREST

SERVICES RÉGULIERS PAR VAPEURS

ENTRE BREST & BORDEAUX

Départs de Brest............ les 10, 20 et 30 de chaque mois.
—   Bordeaux........ les 5, 15 et 25   —

LE HAVRE & BREST

Du Havre.................... Tous les Samedis
De Brest.................... Tous les Mardis

Avec connaissements directs de ou pour Rouen, et Paris et au delà. — Service combiné avec la Compagnie Fluviale *La Seine*, dont le siège social est 2, rue du Louvre, à Paris.

NANTES & BREST

De Nantes : un départ par semaine, le Vendredi ou le Samedi

DUNKERQUE, BREST & NANTES

Avec escales fréquentes à BOULOGNE

DUNKERQUE, BOULOGNE & St-MALO

Départs hebdomadaires

LE HAVRE, LORIENT & NANTES

Tous les 14 jours

BREST & DOUARNENEZ

Pendant la Saison d'Été

Départs de Brest : les mardis et vendredis, à 3 h. du soir
Départs de Douarnenez : les mercredis et samedis, à 3 h. du soir

Pendant la saison d'hiver, le service est fait au moins une fois par semaine

BREST, ORAN & ALGER et vice versa

R. de Bouard...................... Nantes.
G. Féron, E. de Clebsattel & Cie...... Dunkerque.
Worms & Cie....................... Le Havre.
A. Tual........................... Douarnenez.
G. Huret, courtier maritime .... Boulogne.
F. Avril fils...................... Saint-Malo.
Plantade et Quéreillac............. Bordeaux.
E. Salmon.......................... Lorient.
Compagnie **La Seine**, 2, rue du Louvre. Paris.
Transit Franco Algérien............ Oran.
    Idem   .... Alger.

MASSAGE MÉDICAL & PÉDICURE

Mr & Mme GIRONDE

EX-CHEF MASSEUR

à l'Établissement thermal de 1re classe de Vichy

ET DES HOPITAUX MILITAIRES DE LYON & VICHY

De 1 heure à 4 heures

BREST ⚜ 10, Rue Saint-Yves ⚜ BREST

ENTREPRISE DE MENUISERIE

Camille LE COCQ

BREST - 38, Rue Colbert - BREST

(Auto-Garage Brestois)

TRAVAUX D'ART & DE BATIMENTS

Agencement de Magasins

RÉPARATIONS EN TOUS GENRES

⁂ CYCLES ⁂

P. AUFFRET

BREST ❖ 46, Grand'Rue ❖ BREST

VENTE   ÉCHANGES

& LOCATION  & OCCASIONS

Accessoires ⚜ Réparations ⚜ Remisage

VINS & SPIRITUEUX

Exportation

SPÉCIALITÉS POUR LES NAVIRES ÉTRANGERS

Paul Breton

39, Rue Neuve, 39

RECOUVRANCE-BREST

Forge, Mécanique, Serrurerie - Travaux pour le Bâtiment & la Marine

Ancienne Maison MORIN-TOURMEN, fondée en 1845

A. PARISOT, Suc[r]

SERRURIER-MÉCANICIEN

Rue Duguay-Trouin, 22 & rue du Château, 39 ❖ BREST

Grilles, Serres, Véranda
Marquises
Charpentes en fer
Entourages et Portes pour tombeaux
Clefs en aluminium en tous genres

Electricité dans toutes ses applications
Acoustiques, Téléphones et
Paratonnerres
Volières

Articles pour Jardins - Réparations et Fournitures d'Instruments de Pesage

☞ PRIX MODÉRÉS

CHEMISES & CHEMISETTES

sur mesures

G. MISSET

Coupeur Chemisier

13 ❧ RUE DE LA MAIRIE ❧ 13

BREST

CYCLES

Accessoires ❧ Réparations ❧ Remisage

Martin-Auffret

3, Boulevard Thiers, 3

BREST

VENTE
& LOCATION

ÉCHANGES
& OCCASIONS

LANGOUSTES & HOMARDS

Edouard BARRET

3, Rue Amiral Nielly, 3 ❖ BREST

EXPÉDITION DE MARÉE

Coquilles Saint-Jacques fraîches

CONSERVES DE COQUILLES SAINT-JACQUES

Préparées au beurre et au naturel

LANGOUSTES ❖ HOMARDS

Colis Postaux

ADRESSE TÉLÉGRAPHIQUE :

BARRET — MARÉE — BREST

Téléphone N° 50

Maison très recommandée pour les soins apportés à l'expédition des Langoustes et Homards par colis postaux.

La goûter, c'est l'adopter !
SUPRÊME-FÉCAMP
LIQUEUR DIGESTIVE
LIQUEUR
SUPREME FECAMP
DISTILLERIE
À FÉCAMP
FERNIQUE SC.
La demander partout

BUREAUX DE COMMANDES. — Dépôt principal : Villa Champêtre ; rue de Paris, 2, chez M. Péron ; rue de la Porte, 44, chez Mlle Toquin ; quai de la Douane, 24, chez M. Nicolas. — *Téléphone 1-72 et 1-73.*